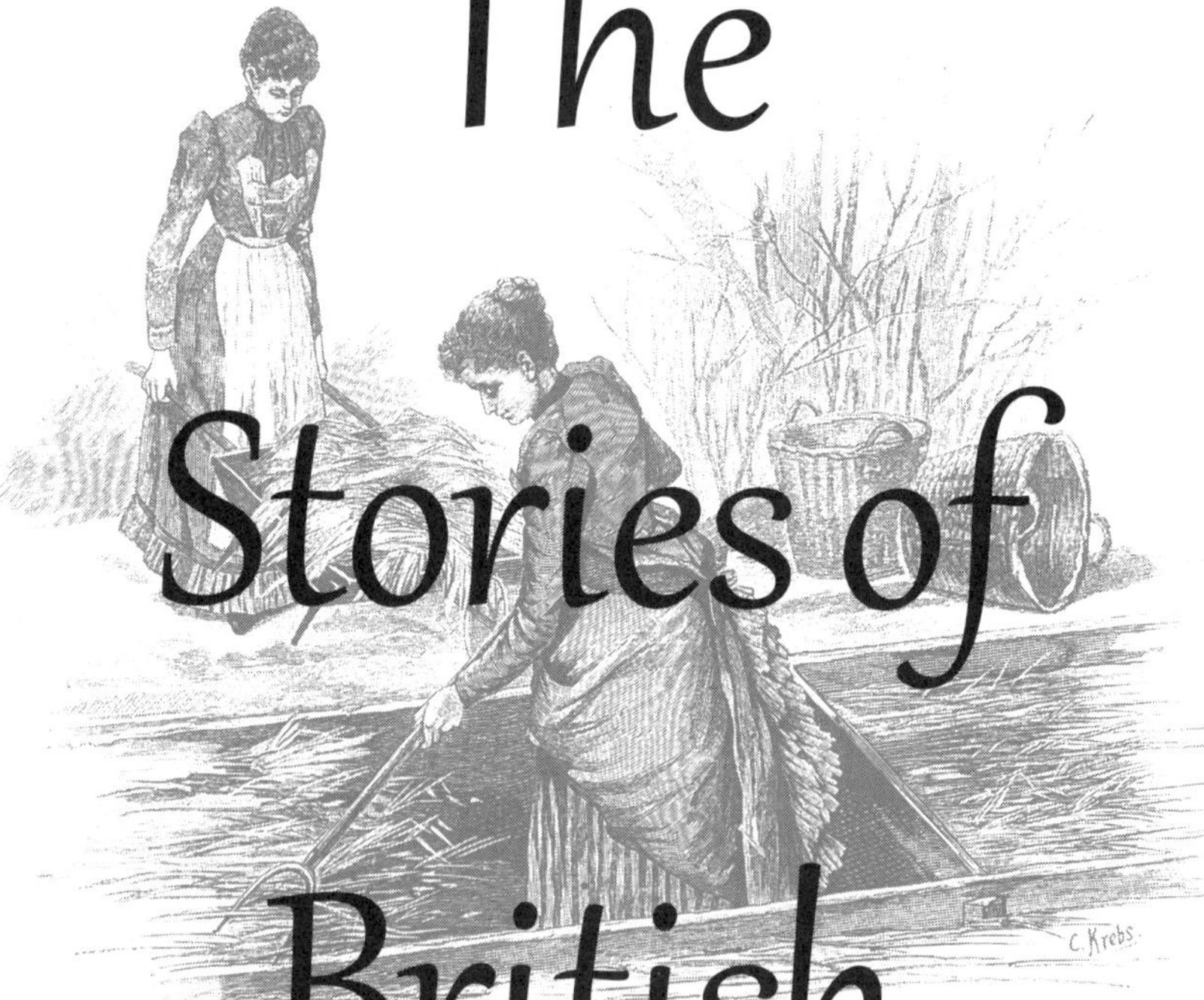

The Stories of British Women Gardeners

英国女性ガーデナー物語

臼井雅美 usui masami

春風社

プロローグ　7

I　神話の世界から一八世紀における女性、植物、ガーデン

1　花の女神フローラ——ギリシャ・ローマ神話にみる花、女性、そして春　18
2　中世ヨーロッパにおける修道院の庭園——修道女とハーブガーデン　24
3　ルネッサンス以降の荘園領主の庭園——女主人とウィーディング・ウィメン　34
4　英国一八世紀における知の目覚め——女性と自然科学と庭園　40

II　一九世紀における園芸学の流行と女性

5　大英帝国における女性、植物学、園芸学　50
6　園芸学の発展と女性による植物研究　56
7　女性植物学画家の誕生と確立——美術学校の創設と流行　61
8　女性によるガーデン・ライティング——ジェーン・ラウドンと園芸雑誌　69

9　コテージガーデンの流行とアーツ・アンド・クラフツ運動――ガートルード・ジーキルの庭園哲学　76

III　一九世紀における園芸学校設立と女性ガーデナーの誕生

10　女性高等教育の扉への道のり　84
11　園芸学校の誕生と発展――スワンリー園芸学校と園芸教育　95
12　中流階級女性のフィニッシングスクールとしての園芸学校――スタッドリー女子園芸農業学校　103
13　女子園芸学校の確立と女性ガーデナーの誕生――ウォーターペリー女子園芸学校　108
14　園芸資格と新たな継続教育における園芸教育――ケイペル・マナー・コレッジを中心に　116

IV　一九世紀後半から二〇世紀中葉における女性とガーデン

15　住居改革と環境改革――オクタヴィア・ヒルとヘンリエッタ・バーネット　124
16　ガーデン・シティ・ムーブメントからブリテイン・イン・ブルームへ　130

17 世界の植物収集と女性の園芸家──エレン・ウィルモットの世界観 134
18 女性によるガーデンデザイン 139
19 ヴィタ・サックヴィル＝ウェストのシシングハースト・カースル・ガーデン 144
20 シシングハースト・カースル・ガーデンの二人の女性ヘッドガーデナー 153

V ウィメンズ・ランド・アーミーと女性園芸家の活躍

21 第一次世界大戦とウィメンズ・ランド・アーミーの誕生 162
22 第二次世界大戦における新たなウィメンズ・ランド・アーミー活動 171
23 ウィメンズ・ランド・アーミーと女性地位向上への道のり 178
24 ランド・ガールズと女性専門家たちの遭遇 184
25 戦争中のキューガーデンズにおける女性ガーデナーとウィメンズ・ランド・アーミーの遭遇 190

VI 二〇世紀後半から二一世紀における多様な女性ガーデナーたちの挑戦

26 一般住居のガーデンづくり――マージェリー・フィッシュの世界観 198
27 新たな世代の女性ガーデナーの可能性 202
28 女性ヘッドガーデナーの軌跡 214
29 人種および性の多様性とガーデナー 218
30 分断から共生へ――セラピーとしてのガーデニング 228

エピローグ 239

参考文献 i

プロローグ

イギリスにおいて女性とガーデン（garden）には長い歴史がある。[1] しかし、女性とガーデニング（gardening）に関してとなると、歴史的には浅く、女性のガーデナー（gardener、作庭家あるいは造園家）の歴史はさらに短くなる。女性ガーデナーの誕生は、女性の高等教育への門戸開放、女性参政権運動、そして女性の専門職への参入と同じ時期に起こった。

イギリスで女性ガーデナーとして最もよく知られているのは、ガートルード・ジーキル（Gertrude Jekyll, 1843–1932）とヴィタ・サックヴィル゠ウェスト（Vita Sackville-West, 1892–1962）であろう。ジーキルは、アーツ・アンド・クラフツ運動（The Arts and Crafts Movement）の工芸家として活動を始め、一九世紀のコテージガーデンの流行に貢献して、ガーデニングの記事や本も執筆した。一方で、小説家として人気があったサックヴィル゠ウェストは、ジーキルから影響を受けて、ガーデンに関する記事も書いた。彼女は、人生の後半になって移り住んだシシングハースト・カースル（Sissinghurst Castle）のガーデンを、夫と一緒にデザインしたことで知られている。

一九世紀から現在まで、ジーキルやサックヴィル＝ウェスト以外にも、多くの女性ガーデナーが輩出されてきた。彼女たちの活躍は目覚ましく、イギリスのガーデナーの歴史を語るうえで、彼女たちを避けて通ることはできない。女性ガーデナーが誕生してきた過程には、ジェンダーの壁が大きく立ちはだかっていた。女性ガーデナーの誕生は、イギリスにおける女性解放運動の歴史の一部なのである。それゆえに、イギリスにおける女性ガーデナーの軌跡を辿ることには重要な意味があるのだ。

西洋の神話の世界には、女性とガーデンとの密接な関係が描かれている。それにもかかわらず、ガーデンはそれを所有することができる王侯貴族や社会的地位が高い男性たちの権力の表象であった。また、ガーデニングは、男性が従事する肉体労働であった。男性中心のガーデンからもガーデニングからも、女性は排除されてきた。そこには確固とした父権制と社会階級という壁がそびえていた。女性たちは、この壁に立ち向かい、その壁を乗り越えて、ガーデナーとなった。彼女たちの誕生の物語には、語り直さなければならない点が多くあるのだ。

二〇〇〇年前の古代から中世にかけて、女性がガーデンに関係したという痕跡が残されている。それは、ギリシャ・ローマ神話という西洋文化を表象する世界である。神話の世界では、ガーデンという空間における女性の存在は重要であり、そこには女性と植物との密接な関係が語られている。

しかし、女性とガーデニングという作業については、異なる歴史がある。ガーデンが持つ意味の変化とともに、ガーデニングは大きな変遷を遂げてきた。

中世から続いた宮殿や貴族などの上流階級の屋敷に造園された整形庭園（formal garden）は、限られた人々の特権的な空間であった。その特権の中心は、上流階級や教会や修道院の頂点にいた男性であった。特にイングランドでは中世から一八世紀にかけて、上流階級の女性や修道女にとり、屋敷や大聖堂などを管理するうえで庭は必要不可欠な空間だった。しかし、父権制のもとで、彼女たちの存在は付加的でしかなかった。

さらに、ガーデニングという実際の作業に携わったのは、ほとんどが男性であった。ガーデニングに対して、農民などの労働者階級の女性が従事した作業は、ウィーディング（weeding、雑草の駆除）であった。彼女たちは、上流階級の人々や修道院が庭園を管理するうえで必要な草むしりに主に従事した。これは、労働者階級の男性がより体力的に厳しい労働に従事したことに対して、労働者階級の女性は軽作業に従事したことを物語っている。

一八世紀になると、屋敷を持つ人々の間で、独自の自然風景式庭園（landscape garden）のデザインをすることが人気となる。自然風景式庭園は、既存の貴族の屋敷から、新しく建てられた屋敷にも、流行した。しかも、屋敷の所有者たちが、競ってデザインを発表していった。女性でも、その活動に加わるものが出てくる。この時代には、上流階級の女性が、ガーデンのデザインに興味を持ったり、またプラントハンター（plant hunter）が持ち帰った珍しい植物の収集をしたりするようになってくる。しかし、彼女たちが、直接ガーデニングの作業に従事することはほぼ皆無であった。

一九世紀に入ると、ガーデンに関して大きな変化が見られた。一九世紀の園芸の流行には、大英帝国の繁栄とプラントハンターがもたらした影響が大きい。彼らが植民地からイギリスに持ち込んだ珍しい植物に関して、経済効果を生むかどうかを調べる研究が始まり、植物の収集と研究が確立されていった。植物学（botany）という新たな科学が生まれ、植物学者（botanist）だけでなく、フローリスト（florist）と呼ばれた在野の植物愛好家（あるいは、花卉《かき》栽培家）たちが活躍した。これらの活動は、産業革命で財を成した中流階級や、生活が安定してきた労働者階級の人々の間にも、広まっていった。

また、一九世紀から二〇世紀にかけて、ガーデンのデザインだけでなく、植物の特質や育成法を専門的に研究して、それを実践に移す園芸学（あるいは園芸術、horticulture）が確立されて、園芸専門家（あるいは園芸学者、horticulturist）になることが流行する。

園芸学は、ガーデニングとは異なり、より専門的な知識に基づき、生産を目的とする専門分野である。理論と実践を学ぶ園芸学校（horticultural school）が各地に設立され、女性に門戸を開放すると、そこは一挙に女性の学び舎となった。その代表的な例として、ケントに一八八九年に創設されたスワンリー園芸学校（Swanley Horticultural College）、ウォーリックシャー（Warwickshire）に一八九八年に創設されたスタッドリー女子園芸農業学校（Studley Horticultural and Agricultural College for Women）、そして、オックスフォード近郊に一九三二年に創設されたウォーターペリー女子園芸学校（Waterperry Horticultural School for Women）などがあげられる。

それらの園芸学校は、高等教育を受ける機会を奪われていた中流階級の女性たちにとって、重要な教育の場となった。創設当初は結婚する前の教養学校であるフィニッシングスクール（finishing school）としての意味合いが強かったが、理論と実践を学びプロの園芸家やガーデナーとなることを目標とする専門学校へと変化していった。

特に一九世紀においては、植物学者、ガーデナー、園芸学者、そしてフローリストたちにより、実用と観賞用の植物の品種改良が競争して行われた。苗木や植木商が誕生し、園芸雑誌が刊行され、品評会、さらにそこからフラワーショーの開催などが始まった。植物研究の記録のために、そして園芸雑誌のために記事を書いたり、イラストを描いたり、写真を撮る職業も生まれた。これら新しい分野や職業に、特に中流階級の女性が参入していったのである。

このように、急速に女性が園芸学を学び、実際に園芸の作業に関わり始め、そのなかからガーデナーという職業に就くものが出てくる。この背景には、産業革命による女性を巡る社会変化があった。産業革命により中流階級が台頭して、様々な社会運動が興り、特に教育改革が盛んとなる。中流階級の女性たちは、家庭で教育を受けたり、当時各地に創設されていった寄宿学校などで教育を受けたりした。しかし、男性の兄弟たちのように、大学への進学は容易ではなかった。絵画や工芸、あるいは園芸も学ぶことができる美術学校や工芸学校が女性の入学を許可すると、それらの学校に入学した。アーツ・アンド・クラフツ運動により、手仕事の重要性や工芸の評価が高まり、ガーデニングに関しても身近な植物を使った作庭が流行する。さらに、労働者たちが、コテージに小さな庭をつくったり、植木鉢がやっと置ける場所を設けたりして、アマチュアのフローリストとして品種改良を競った。このような変遷の過程で、ジーキルのような女性のガーデナーの活躍の場ができていったのだ。

また、第一次世界大戦と第二次世界大戦中には、ウィメンズ・ランド・アーミー（Women's Land Army）が結成された。この組織は、従軍した男性の労働力を補うため、また食糧難を解決するために、女性たちが農作業に従事するもので、全英に広まった。大戦中は多くの屋敷が軍の宿泊施設や病院などの施設になり、農場だけでなく、屋敷や園芸学校の敷地においても野菜や果実が栽培された。

第二次世界大戦が終わると、経済復興に伴い、新たな空間づくり、そして都市部や一般の住宅における、新たなガーデニングの在り方が模索され始めた。そこに、女性ガーデナーのさらなる活躍の場が開かれていった。その代表として、ジーキルの影響を受けながら、二〇世紀に活躍したマージェリー・フィッシュ（Margery Fish, 1892–1969）の名があげられる。フィッシュは、戦後のイギリスにおいて、一般市民が実現可能なガーデンのデザインや、より身近な植物の選定を行った。

イギリスにおける女性とガーデニングに関しては、四冊の先行研究書があげられる。エリザベス時代から現代に至るまでを論じたキャサリン・ホーウッド（Catherine Horwood）

による『女性と彼女たちのガーデン（*Women and their Gardens*）』、一八世紀から現代までを取り扱ったジュディス・マンドラク・テイラーと故スーザン・グロアグ・ベル（Judith Mundlak Taylor and The Late Susan Groag Bell）による『女性とガーデン（*Women and Gardens*）』、また一九世紀から現代までを扱ったハイジ・ハウクロフト（Heidi Howcroft）による『ガーデニングの女性先駆者たち（*First Ladies of Gardening*）』である。しかし、歴史的背景を詳細に分析して、女性ガーデナーという職業の誕生と確立を探求している専門書は少ない。しかし、この原稿を書いている最中に、フィオナ・デイヴィソン（Fiona Davison）の『ほとんど不可能なこと——英国のパイオニア女性ガーデナーたちの過激な人生（*An Almost Impossible Thing: The Radical Lives of Britain's Pioneering Women's Gardeners*）』が出版されると、ベストセラーとなった。デイヴィソンは一九世紀から二〇世紀前半の女性ガーデナー誕生に関して詳細に述べている。本著では、その歴史的変遷期を含めて、女性ガーデナー誕生までの秘話から園芸を巡る多様な職種の誕生、そして女性のための園芸教育の誕生と発展から二一世紀におけるダイバーシティとインクルージョン（diversity and inclusion）にいたるまで包括的に論じる。

二一世紀に入っても、ガーデニングの世界は白人男性中心だった。そこにブラックやアジア系などマイノリティのガーデナーが輩出されてきた。特に、アフリカ系およびカリブ系の女性ガーデナーが活躍し始めた。ジュリエット・サージェント（Juliet Sargeant, 1965–）は、二〇一六年、ブラックの女性として初めて、チェルシー・フラワーショー（Chelsea Flower Show）においてゴールドメダルを獲得した。サージェントは、イギリス人の母親とタンザニア出身の父親のもとで生まれ、一度は医者として働いた後、ガーデナーの道に進んだ女性である。ガーデナーもガーデニングデザインもダイヴァーシティとインクルージョンの時代を迎えている。

また、不確実で分断の時代とも言われる現代社会においては、ガーデンセラピー（garden therapy）の重要性が確認され、多くのプログラムが全英で展開され始めた。そこにも、女性ガーデナーの活躍が見られる。

本書では、長らく体系的に研究されてこなかった女性ガーデナーの誕生の秘話から現代の実例までを紐解いていきたい。

注

（1）通称イギリス（あるいは英国）はグレートブリテン及び北アイルランド連合王国（United Kingdom of Great Britain and Northern Ireland, UK）を基本的に表し、歴史的経緯に基づく連合王国内のイングランド（England）、ウェールズ（Wales）、スコットランド（Scotland）、北アイルランド（Northern Ireland）の表記は区別して用いる。

I

神話の世界から一八世紀における女性、植物、ガーデン

1

花の女神フローラ

――ギリシャ・ローマ神話にみる花、女性、そして春

花と女性は古代から密接な関係を持ってきた。花は、植物、春、そしてガーデンに結び付き、その総体が女性像との関連性を生み出した。それを表象するのが、花の女神フローラ（あるいは、フロラ、Flora）である。

英語のフラワー（flower）の語源は、ラテン語のフロス（flos）で、「花」または「開花状態」を表す。その派生語であるラテン語のフローラは、「植物相」、すなわち、ある特定の地域や時代における植物の種の総体を意味する。そして、人名のフローラは、ローマ神話において、花と豊穣と春の女神として登場する。[1]

ギリシャ神話において、ローマ神話のフローラは、ニンフのクローリス（Chloris）に相

当する。星の神と暁の女神のあいだには、東西南北の四方向を司る風の神が生まれた。その一人、西風の神であるゼピュロス（Zephyros）は、春の訪れを告げる豊穣の風の神であった。多くの妻を持っていたゼピュロスは、美しいニンフであるクローリスに魅せられて、彼女を強引にイタリアに連れ去り、自分の妻とした。ゼピュロスはその罪を悔やんで、クローリスを春と花の女神フローラとした。

帝政ローマ時代の詩人であるオウィディウス（Ovid）は、紀元八年に発表した『祭暦（*Festi*）』の第五巻において、フローラの持つ花の魔法に関して描いている。それは、最高の神ジュピター（Jupiter）が、知恵、芸術そして戦術の女神ミネルヴァ（Minerva）を産み出した時に、ジュピターの妻で結婚と出産を司る女神ジュノー（あるいはユーノー、Juno）は、腹を立てた。ジュノーは、フローラから魔法の花をもらい、妊娠して戦いと農耕の神マーズ（あるいはマルス、Mars）を産んだ。そこには、フローラが持つ花の力が語られている。

フローラは、古代から、文学においてだけでなく、多くの絵画に描かれてきた。その姿は常に、花の美しさと豊かさを表してきた。

今から二〇〇〇年以上前に、ポンペイ遺跡の一つスタビアから出土した壁画の一部に描

『花を摘むフローラ』
ナポリ考古学博物館所蔵

かれたフレスコ画には、女性と花が描かれている。『花を摘むフローラ（*Flora Picking Flowers*）』と名付けられたこの絵は、紀元前二世紀ごろのヘレニズム美術の作品と言われている。(2) この壁画には、白い花を摘んでは、片手に抱えた籠に花を入れている女性の後姿が描かれている。女性はギリシャの理想美を象徴するかのような体格で、そこには優美さとたくましさが共存している。この壁画の別名は、『コヌルコピアを持つニンフ』であり、コヌルコピアが、収穫した食材などを入れて運ぶ角型（円錐形）の籠であることに由来する。

また、フローラの神話は、ルネッサンス期のイタリア人画家サンドロ・ボッティチェッリ（Sandro Botticelli）による『プリマヴェーラ（*Primavera*）』に描かれている。一四八二年に発表され、別名は『春』である。(3) しかし、この絵においては、残忍な様相のゼピュロスがクローリスに襲いかかっており、その姿と重なるように、フローラが、花冠をかぶり、花柄のドレスをまとって、花をまき散らしている姿が描かれている。クローリスは、男性の暴力と独占力の犠牲になり、フローラとして再生したのである。

また、フローラを崇める祭り、フローラリア（Floralia）は、春の訪れを祝う祭りとして、キリスト教伝来以前に、古代ローマの儀式として紀元前二三八年から二四〇年に始まったとされる。(4) 祭りは、四月二八日から五月三日まで続いた。聖霊によって農作物が育っていき、フローラのような女神やニンフの姿で現れたと信じられていた。フローラリアでは、神殿に花を飾り、普段は白い衣をまとっていたローマ人たちは、色とりどりの衣装を身に着けて、ダンスに興じた。

古代ローマでは、五月一日は、先祖（マーヨーレース）に捧げられた日で、生きている人々に霊が入り込むと信じられていた。また、五月祭は、古代ローマの女神マイヤ（Maia, May）に捧げものをしたとも、伝えられている。さらに、五月一日は、ケルトの古代では大切な家畜を夏の間放牧するための祭りベルテーン（あるいはベルタン、ベルティナ、Beltane）の日であった。(5)

この伝統は、ヨーロッパ各地で、五月祭（The May Festival あるいは May Day）として受け継がれてきた。(6) 五月一日に行われる盛大な祭りとなり、その後、労働者の祝日メーデーともなった。春（あるいは夏）という繁殖や生育の季節を迎える季節は、独身の若い女性や男女の結婚を象徴する季節でもあった。人々は五月に一番に咲く花を摘んで持ち帰り、その花や枝で自分の家を飾ったり、思いを寄せている人の家の戸口に置いたりした。イングランドではサンザシ（正確にはセイヨウサンザシ、hawthorn）の人気があり、イングランド北部、スコットランドとウェールズでは、ナナカマド（rowan）やカンバ（birch）が、またコーンウォールではサイカモアカエデ（sycamore）が好まれた。(7) フランスでは、スズランの花を贈ることが、現在でもこの名残として続いている。

そして、一〇代の若い女性を五月の女王（May Queen）として選び、子供たちによる疑似結婚式を執り行った。五月の女王として選ばれた若い女性は、純潔を表す白いドレスに身を包み、花冠を付けて、五月祭の開始を祝うパレードに参加した。各地の村や町で、五月祭は、その地域の重要な行事だった。五月祭は、宗教改革時にはプロテスタントにより邪悪であると禁止されたが、王政復古とともに復活した。さらに、この祭りはヴィクトリア時代には、地域の学校や教会、および文化人たちに支持され、盛大な祭りとして復活した。(8) ロマン派詩人ウィリアム・ワーズワース（William Wordsworth, 1770–1850）は、湖水地方で行われていた五月祭を楽しみにしていたとされている。

五月祭では、地元の人々によるフォークダンスや劇が催された。イングランドでは、人々は、自生するサンザシを飾り、メイポールダンス（Maypole dance）やモリスダンス（Morris dance）に興じた。(9)

メイポールダンスは、五月柱と呼ばれる高いポールを立てて、そこに花や葉を飾り、ポールの先端にリボンを取り付けて、そのリボンの端を持ち、ダンス曲であるジーグ（gigue, jig）やリール（reel）に合わせて、ポールの周囲を踊るものである。男性は右回り、女性は左周りで、踊りながらリボンを編んでいった。(10) これは、昔、カンバやトネリコ（ash）などの真っすぐに伸びる木を森から持ち帰り、その周囲を踊った名残であると考えられている。(11) メイポールは成長と繁栄を表し、編みこまれていく赤と白のリボンは生命を編むことを表したと言われている。(12)

モリスダンスは、六人から八人くらいの男性が、膝や靴に鈴をつけ、花で飾った帽子をかぶり、おそろいの衣装で踊るもので、一五世紀が起源とされている。衣装は地域によって異なり、踊る時に手に持つものも、ハンカチや剣など様々である。一九六〇年代に復活運動が起こり、各地で執り行われるようになってきた。

キリスト教伝来以前の古代ローマ時代において、女性と花との密接な関係は、春という花が生育して繁殖する力を持つ季節の訪れを象徴した。その伝統は、現在のヨーロッパで継承され、フローラは五月の女王となって、五月祭を率いる。女性と花、そして春は、ヨーロッパ文化を形成してきた。

2 中世ヨーロッパにおける修道院の庭園

――修道女とハーブガーデン

キリスト教化されたヨーロッパでは、女性という「第二の性」は、中世を通して形成され、後の社会に受け継がれていった。それは、旧約聖書『創世記』における神が創造した最初の女イヴと、受胎告知に由来する聖母マリア崇拝である。

エデンの園でアダムのあばら骨から造られたイヴは、禁断の果実を食べて堕罪を犯し、ア

『聖女マルガリータと聖アンサヌスのいる受胎告知』
ウフィツィ美術館所蔵

ダムと一緒にエデンの園を追放された。しかし、キリストの誕生を告げられるマリア像は、崇拝の象徴となる。一三三三年のシモーネ・マルティーニ（Simone Martini）による『聖女マルガリータと聖アンサヌスのいる受胎告知（*Annunciazione tra i santi Ansano e Massima*）』には、大天使ガブリエルが平和の象徴であるオリーブを持ち、二人の中央には純潔の象徴としての白ユリが描かれている。[13] このように、中世以来、女性は従属と崇拝という、相反する側面を持つ、「第二の性」として存在してきた。[14]

女性は中世において、王侯貴族出身であれ、貧しい家の出身であれ、キリスト教に基づく父権制の中で生きた。庭園は、上流階級の女性にとって父親や夫の権力の表象であり、また労働者階級の女性にとっては労働の場であった。庭園は女性を二極化した。

キリスト教が巨大な力を持っていた中世ヨーロッパでは、修道院の庭園（monastic garden）が、自給自足のための食料や催事の装飾となる植物を生育栽培する場所として確保され、野菜畑やハーブガーデン、果樹園などが開墾された。[15] リンゴ、ナシ、ブドウ、サクランボ、モモやマルメロなどの果実、ニンニク、パセリ、タマネギ、ニンジン、ワケギ、チャービル、レタス、セロリなどの野菜や、バジルやセージなど数十種類ものハーブが栽培されていたとされる。装飾用には、バラ、ユリ、スミレ、オダマキ、アイリスなどが育てられていた。[16]

教会がキリスト教を信じる人たちが集まる場であることに対して、修道院は修道士や修道女が、世俗社会から断絶され、厳しい規律のもとで共同生活を送り、祈り、労働に従事し、そして学問を行う場である。[17] 中世において、修道士や修道女は、王侯貴族や上流階級の子弟や子女が生涯を送るための避難所でもあり、彼らは寄付金や持参金を持って修道院に入った。修道院に労働者や経済力がない家庭出身者が入ることは、ほぼ皆無だった。中世のキリスト教化されたヨーロッパにおいて、修道院は、巨額の財力を蓄積して発展していった。そして、修道院は宗教施設としてだけではなく、多様な要素を持つ複合施設となっていった。
　巨大な力を持っていた修道院は、世俗社会から隔離されていたにもかかわらず、建立された地域の政治、経済、行政の中心になっていった。修道院は、経済的な自立のために、開墾して農耕などの産業を興す事業主となり、食品などを加工する工場主でもあった。シトー会の修道院のように、開墾した所有地を管理する施設あるいは修道院付属の荘園や農場であるグレインジ（grange）を持つようにもなる。[18]修道院では、醸造も重要な経済活動だった。ウイスキーやシャンパンも修道院から生まれたとされ、ブドウ園を運営して良質のワインを製造し、ビールの醸造も行っていた。ビール（あるいはエール、ale）は、粗悪な水の代用品として、改良されていった。[19]女子修道院でも、エールは自家製でほとんど賄われており、修道女たちは、パンとエールを毎日摂取できた。[20]
　修道院の庭園は、実益を伴った植物を栽培し発展した。植物は、食料、薬、そして祝事のために必要とされた。修道院における食は、体と霊魂一体と考えられており、過剰な摂取をせずに中庸を守った。[21]しかし、同時に、修道院では、祝事における食材や装飾も必要とされたため、贅沢品も摂取された。
　修道院の庭園の管理は、植物の栽培から保存、そして調理や活用方法の研究へと広がっていった。中世の修道院の使用人には庭師がいたことが記録されており、季節の野菜やハーブなどの食料の管理をすることが主な仕事であった。(22)現代のような冷蔵設備が無い時代、食材を保存するためにハーブが必要とされた。特に、ベネディクト会とシトー会の修道院では、庭園において野菜やハーブの育成と研究に成功を収めた。ハーブの薬効を研究することとは、修道士にとって重要な仕事となっていった。(23)ハーブから薬をつくったり、それを医療行為で用いたりすることに関しては、修道女も担っていた。

中世において、薬となるハーブは重要な植物だった。修道院は病院であり、ハーブは万能薬であった。病院（hospital）の語源が、巡礼者のための宿坊、ホスピス（hospice）であることからもわかるように、修道院は病院の原点である。現在のように医学が発達していなかった時代に、修道院は病院であり、薬局の役割も担った。病理が研究され、修道院の庭園では多種多様なハーブが育てられ、それらの調合方法が研究されていた。

七世紀にすでに、修道院には病院の原型である「病者の家」が建てられ、一〇世紀になると、病院事業は修道院の要の事業となっていた。それゆえに、修道院とハーブガーデンは一体であった。修道女たちは、キリスト教の慈悲の行為である、傷を負った兵士や病人の看護をする仕事に就いた。彼女たちは、修道院のハーブ療法に基づき、病人や貧しい人々の看護や世話に従事したのだ。

これらの庭を巡る生産的生活を送ることにより、中世の修道士や修道女は、庭の管理に従事し、さらには開墾した農地や果樹園から食料や食品を生産して、自然療法に基づく医食文化を確立させた。

修道院は原則、女性禁制であったが、女性の労働――特に機織りや裁縫――が必要とされ、女子修道院が併設されるようになる。[24] 修道院のなかには大修道院（Abbey）として裕福なものがあったが、女子修道院のほとんどが経済力の低い小規模な修道院（Priory）であり、大修道院とは従属関係にあった。修道女たちは、修道院内に住み、貞潔、清貧、服従を誓い、独身で隠遁生活を送った。中世の修道女たちは、結婚をしない貴族の娘たちも多く、彼女たちは、結婚の持参金に相当する額を寄付金として持参したとされる。[25] 修道女は、キリスト教との関わりのなかで、花嫁であり、妻、母親、そして寡婦という「ジェンダーの役割」を担い、修道士よりも厳格で、世俗世界から切り離された存在だった。[26]

女子修道院が確立されると、女子修道院長（Abbess, Abbatissa）を頂点として、修道女、助修女、半俗修道女たちから成る階級制に基づく集団となっていった。半俗修道女とは、一二世紀から一三世紀にわたり増加したベギン（Beguines）と呼ばれた半聖半俗の女性たちである。半俗修道女たちは、料理、庭仕事、病人の看護、客人の世話に従事した。[27] 隔離された環境にいながらも、修道女たちは、衣料や食料を貧しい人々に配ったり、病人の看護や困窮している女性たちの救済および子供への教育活動を行ったりして、修道院の外の一般の人々への慈善活動に従事した。[28]

中世の女子修道院は、王侯貴族の子女の教育の場であり、階級や家柄に合う結婚の機会がない未婚の女性や、行き場がない寡婦などが、生涯を過ごすために送られた特別な場であった。修道女のなかから女子修道院長になる者もいたが、女性であるがゆえに、修道女の多くが、司祭になることもできず、また所属する会で高い地位に就くこともできなかった。

それだからこそ、ローマ教皇を頂点とする伝統的階級制度と権威と信仰から離れて、神秘体験を告白した女性が、カリスマ性を持った。彼女たちのなかには、「聖霊の容器《うつわ》」として修道女や女子修道院長として名声を得たり、聖母マリアの幻から導かれて聖堂を建立したりして、民衆の支持を得ていったものもいた。[29] 一二世紀は、マリア崇拝が最も高揚した時代であり、イングランドでも、レイディ・レイチェルディス（Lady Racheldis）という寡婦が一〇六一年に建てた聖母マリアの礼拝堂ウォルシンガム（The Shrine of Our Lady at

Walsingham）が、カンタベリー大聖堂に次ぐ巡礼の地となった。(30)

この神秘体験により頭角を現した顕著な例が、一二世紀に活躍した中世ドイツのベネディクト会の修道女、聖ヒルデガルト・フォン・ビンゲン（Hidegard von Bingen, ユリウス暦 c. 1098－ユリウス暦1179、以下ヒルデガルト）である。彼女は、医学や薬草に精通しており、ドイツ薬草学の祖と称されている。すでにベネディクト会とシトー会の庭園では、多くの種類の植物が育てられていた。修道院は植物に関する知識や栽培方法を発信する役割も担っており、園芸に関する書物も所蔵していた。しかし、ヒルデガルトは、贅沢な衣食住で堕落していた修道院にメスを入れたとされる。彼女が残した薬草学の業績は、現代にも応用することができるほどのものであった。

ヒルデガルトは、一〇九八年に地方貴族の娘として誕生した。幼少期より神秘体験をしており、八歳の時に修道女に預けられ、一四歳で修道女となった。三八歳になると、ディジーボーデンベルク（Disibodenberg）修道院に設立された女子修道院の院長となった。(31)神の開示を受けたとして幻視体験を公にすると、名声が高まり、ヒルデガルトは五〇代になるとビンゲンにルペルツベルク（Rupertsberg）女子修道院を創設した。それゆえに、彼女はビンゲンのヒルデガルトと呼ばれるようになる。

深い信仰心と学問の知識を持ったヒルデガルトは、神秘家であり、宗教音楽の作曲家でもあり、薬学や医学に精通する科学者であり、治療師であり、また栄養学と食の研究者だった。ヒルデガルトの知識と学問は、一二世紀に書かれた『自然学（*Physica*）』と『病因と治療（*Causae et Curae*）』に集大成されていると言われている。特に、薬草を用いた料理法や治療法が具体的に記録されており、医食同源の考え方が根底にある。

中世後期になると、ローマ教皇の力も低下して、修道院が堕落し、女子修道女も質の低下が顕著になった。ベネディクト会の戒律も荒廃し、学問においても、祈祷態度においても、モラルは堕落の一途をたどった。イングランドで一四世紀に生きたジェフリー・チョーサー（Geoffrey Chaucer, c. 1343–1400）による『カンタベリー物語（*The Canterbury Tales*）』の「尼寺の長の話（'The Prioress's Tale'）」には、女子修道長のマダム・エグレイティーン（Madame Eglantine）が登場する。彼女は、高価な衣装に身を包み、宮廷風礼儀を身に着け、修道女と三人の僧侶と従者をお供に、巡礼の旅に出る。しかも、ペットの子犬数匹を連れ、その子犬たちに庶民が口にすることができないような贅沢品——肉、ミルク、白パン——を与えるのである。(32) この風刺的描写には、女子修道院長という地位への痛烈な批判が込められている。

実際、イングランドにおいて、一二五〇年から一五四〇年の間に一四〇ほどあった女子修道院では、一四世紀から一五世紀の間に在院者数が減少し続け、一五三四年には一九〇〇人にまで落ち込んだ[33]。

一六世紀、宗教改革が起こり、ルター派のプロテスタントが力を持ったドイツにおいても、力がある諸侯たちがローマ・カトリック教会から離脱して、修道院が廃止された。イングランドにおいては、ヘンリー八世がローマ・カトリック教会を弾圧し、一五三六年と一五三九年の二度にわたり修道院解散法を断行して、イングランド全土のほぼ四分の一を占めていた約八〇〇の修道院を解散させた。修道院の解散後、修道女たちの多くが一般社会に戻る選択をしたと言われている。

中世ヨーロッパにおいて、修道院の庭園は、自給自足の原則から、経済的自立のための自家農園へと変身して、巨額の富をもたらす領地となっていった。その経済活動において、女子修道女たちは、食料の調達と管理、薬草の栽培から調合、そしてその薬を用いた看護などの仕事をこなした。中世修道院の庭園は、女性の可能性が試された場であり、数世紀後に、女性に開放される薬学や医学への道が築かれていたのである[34]。

3

ルネッサンス以降の荘園領主の庭園

──女主人とウィーディング・ウィメン

一五世紀にオランダで描かれた絵のなかに、荘園の女主人が女性の庭師に植え付けを指示している絵がある。[35] 貴族や上流階級の女性にとって、屋敷や領地のなかの様々な施設の運営の一部として、庭の管理は重要な仕事だった。一方で、農夫の妻や労働者階級の女性にとって、庭の手入れ、特に除草などの軽い肉体労働は重要な仕事だった。荘園領主の庭園の仕事は、女性修道院の仕事と同様、領主の妻にかかっていた。

宗教革命により修道院が閉鎖されていくと、その土地には、新たな屋敷が建てられた。特に、イングランドでは、ヘンリー八世が解散させた修道院の土地を、貴族や功績を残した家臣に与え、そこには新たな荘園がつくられ、荘園領主の屋敷（manor house）が建てられていった。内乱が続いた中世とは異なり、安定した住居空間が求められ、それに伴い、庭園学も変化していった。

修道院の庭園が実利的役割を担っており、直線と直角でレイアウトされていたことに対して、ルネッサンス期の庭園は観賞目的から装飾的な要素が付加されて、直線と曲線でレイアウトされるようになった[36]。ルネッサンス期の庭園は、幾何学庭園とも呼ばれるほど幾何学パターンのノットガーデンが流行した。このフランス式の古典庭園は、手間と時間がかかる贅沢な庭園であり、領主の権力と趣向の表象となっていった[37]。また、領主たちが戦地へ出ている間、妻たちが屋敷や庭園の維持や運営に尽力していた。しかし、夫たちが戦場から戻り屋敷に定住すると、屋敷や庭園の運営に中心的役割を担うようになる。それゆえに、一六世紀以降、上流階級の女性たちが、それ以前の時代の女性たちのように実用的な庭園の運営に従事することが、少なくなっていった。

一六世紀から一七世紀にかけて、ヨーロッパでは植物学が発展して、体系的に植物を分類する必要が出てくる。大航海時代から、プラントハンターたちが植民地などから希少植物やその標本を持ち帰るようになる。また、栽培法の研究や園芸技術が競われるようになっていった。宗教改革者として激動の一六世紀を生きたウィリアム・ターナー（William Turner,

c. 1509–1568）は、医学、薬学だけでなく博物学、植物学にも長けており、イングランドの木草学者（herbalist）の祖でもある。また、一六世紀後半から一七世紀には、チャールズ一世の主席庭師を務めたトラディスカント親子（The Tradescants）が、植物収集にも力を入れて、自然史の構築に貢献した。

しかし、それらの活動は男性の特権であり、女性はそこから除外されていたのである。その記録の多くは男性に関するもので、植物学や園芸学に関わった数少ない女性についての記録もほとんど皆無である。

記録に残されたイングランドで最初の女性ガーデナーは、トーマシン・タンストール（Thomasin Tunstall）と言われている。彼女は、一六世紀末にランカシャーで生まれ、一六二〇年から一六三〇年の間、アマチュアの植物収集家として、また植物愛好家として知られていた。(38) 彼女に関しては、一七世紀の著名な植物学者ジョン・パーキンソン（John Parkinson, 1567–1650）が一六二九年に出版した著書のなかで述べている。(39)

また、一七世紀に、植物学と園芸を推進して後援者となり、自らが発信者となったのが、初代ボーフォート公爵夫人メアリー・サマーセット（Mary Somerset, the First Duchess of Beaufort, 1630–1715、以下メアリー）である。(40) メアリーと庭園との関係には、彼女の人生が影響している。貴族の娘として生まれ、最初の夫が王党派であったために、国内戦争の時に投獄されてしまう。二度目の結婚はヘンリー・サマーセットとであった。その夫も一七〇〇年に亡くなった。その間に、八人の子供を産んで育てた。豊富な私財を費やして、彼女は、一六八〇年代から植物収集と栽培に力を注ぐようになる。特に、夫を亡くした後は、心理的葛藤のなかで、さらに植物収集と庭園運営に没頭していった。

メアリーには、グロスターシャー（Gloucestershire）の公爵家の領地にあるバドミントン・ハウス（Badminton House）とロンドンのボーフォート・ハウス（Beaufort House）の屋敷とそれらの広大な庭園が遺された。ロンドンは現在のように都市化される前で、屋敷は広大な敷地を有していた。ロンドンでは、医者として成功して王の専属医となり、準男爵の爵位を授かり、現在の大英博物館の基礎をつくったハンス・スローン（Sir Hans Sloane, 1660–1753）とも交流した。スローンはサマーセット家に医者として出入りしただけでなく、チェルシーにおいて隣人でもあった。スローンは、チェルシーの荘園を購入すると、そこにチェルシー薬草園（Chelsea Physic Garden）を運営して、カカオなどの、植民地からの植物紹介と輸入にも携わるようになっていた。スローンや同時代の植物学者たちと知り合い、情報や知識を交換することにより、メアリーは専門的な園芸の世界に入っていった。

世界中から収集した希少植物の種を、メアリーは二軒の屋敷の庭園で栽培した。それらは、アフリカ、スリランカ、西インド諸島、また日本から集められたものだった。当時、彼女がつくり上げたバドミントン・ハウスの庭園はイングランドで最も美しい庭園の一つとなった。(41) さらに、彼女が作成した一二巻から成る標本は、科学的にも高く評価できるものだった。植物画家とともに、二巻の花集も作成した。しかし、スローンや他の男性植物学者などから評価されたにもかかわらず、貴族の女性であるメアリーは、スローンのように自分の地位を確立することも、植物学者として名を残すこともなかった。

メアリー・サマーセットのような上流階級の女性は、自ら土を耕したりはしなかった。彼女には無名の助手がいたとされている。彼女のもとで働いた女性たちは、現在のように庭師として評価されてこなかった。

第一次世界大戦前まで、地方の労働者階級の未婚女性の主な仕事は、荘園領主や上流階級の屋敷の女中になることだった。そして、結婚後は、夫を助けて仕事をすることが当然とされていた。特に、荘園領主のもとで夫が働いている場合、彼らの妻たちもその作業を手伝った。彼女たちの仕事には庭園の世話が含まれており、彼女たちは、ウィーディング・ウィメン（weeding women あるいは weeder）と呼ばれていた。

荘園の庭園の除草などの労働は、荘園内の小作人の妻が行っていたとされる。一般に、伝統的な女性の仕事以外に、農夫の妻は、夫の仕事の手伝いをすることが当然であった。彼女たちは、糸を紡いで布を織ったり、衣服を作ったりしただけでなく、野外の仕事も行った。特に、種まき、草取り、刈り取り、菜種作業、脱穀、家畜の世話や搾乳などの酪農業から屋根の修復にいたるまで行った。(42) 彼女たちのように実際に庭園の様々な雑事に関わったウィーディング・ウィメンの記録は残されていない。

一六世紀から一七世紀のイングランドでは、絶対王政の時代から、ピューリタン革命、王政復古、名誉革命という激動の時代を経て、古典的庭園は、男性を中心とする権力の表象となった。より確固とした父権制のなかで、女性たちの多くは庭園の表舞台から姿を消した。貴族出身の女性であれ、ウィーディング・ウィメンであれ、女性が庭園に従事するのは、次の時代を待たなければならない。

4

英国一八世紀における知の目覚め
――女性と自然科学と庭園

一八世紀における庭園学には、植物学の確立と風景庭園の発展が大きな影響を与えた。風景庭園とは、第3章で述べたフランス式の幾何学庭園に対して、自然の景観美を人工的に作り上げた自然風景式庭園で、イングランドで生まれたことから、英国式庭園（English garden）とも呼ばれる。そして、それらの風景庭園をデザインする造園家ランスロット・ブラウン（Lancelot "Capability" Brown, c. 1715–1783）、ハンフリー・レプトン（Humphry Repton, 1752–1818）、ウィリアム・ケント（William Kent, c. 1685–1748）などが活躍して、ガーデナーが専門的職業地位を確立していった。

また、植物の収集や栽培法の研究が盛んとなり、研究施設としての植物園が建てられた。

ジョージ二世の長男フレデリック・ルイス王太子の妃となったオーガスタ妃（August of Sace-Gotha, 1719–1772）は、宮殿に併設された庭園を拡大して、キューガーデンズの基礎をつくった。彼女の息子ジョージ三世と妃であるシャーロット王妃（Queen Charlotte, 1744–1818）は、受け継いだキューガーデンズの設備をさらに整えて、専門家を招いて植物収集と栽培を行い、一八四〇年に王立植物園として改組される基盤を築いた。

一七世紀にメアリー・サマーセットによって開かれた扉の先に進むのは、一九世紀を待たなければならないが、その間、一八世紀において、裕福な王侯貴族の女性たちのなかには、庭園の発展に寄与するものが出てきた。(43) 彼女たちにとって、庭園は最も贅沢な趣味であり、知性と教養を高める場であった。

ポートランド公爵夫人マーガレット・カヴェンディシュ・ベンティンク（Margaret Cavendish Bentinck, Duchess of Portland, 1715–1785、以下マーガレット）は、一八世紀に生きた最も裕福な女性として名を残している。彼女のタイトルが示すように、一人娘であったため、両親の一族から巨額の遺産を引き継いだ。彼女の母親は、やはり一人娘で、両親の家系から巨額の遺産を相続していた。(44) さらに、一七六一年に亡くなった夫である第二代ポートランド公爵の遺産も、彼女が相続した。幼い頃から洗練された芸術や流行しつつあった自然科学に触れてきたマーガレットは、結婚後、芸術作品と自然史に関わるものを収集していった。

社交界の中心的存在だったマーガレットは、当時の文化人——アレキサンダー・ポープ(Alexander Pope, 1688–1744)、ジョナサン・スウィフト(Jonathan Swift, 1667–1745)、ジャン＝ジャック・ルソー(Jean-Jaques Rousseau, 1712–1778)——と交流を持っていた。また、エリザベス・モンタギュー(Elizabeth Montagu, 1718–1800)に感化されて、ブルーストッキングス協会(The Bluestockings Society)のメンバーとなり、ロンドンに孤児のための施設、ファウンドリング病院(Founding Hospital)を創設する一人となるなど、社会活動にも貢献した。(45)

ロンドンや地方にある何軒かの屋敷に保管されたマーガレットの膨大な収集物は、趣味の域をはるかに超えて、スローンの収集を超えるものとなり、イングランドで最大の規模を誇った。そのなかには、海外から集めた希少な貝殻、鉱石、化石などの標本、さらには動物の剝製《はくせい》などがあった。

文化人として、また収集家として、男性中心の世界に挑戦したマーガレットは、植物学と園芸学の世界にも挑戦した。メアリー・サマーセットがスローンや当時活躍した男性の植物学者たちと交流したように、マーガレットも周囲に著名な植物学者や園芸学者、ガーデナーを置き、彼女は財力を持って、希少な熱帯植物などの収集を行い、自らも収集に向かった。彼らのなかには、チェルシー薬草園の首席ガーデナーを五〇年間も務めたフィリップ・ミラー（Philip Miller, 1691–1771）、プラントハンターでキューガーデンズではジョージ三世のアドバイザーとなったジョゼフ・バンクス（Joseph Banks, 1743–1820）、スウェーデンの植物学者ダニエル・ソランダー（Daniel Solander, 1733–1782）、ドイツ人の動物・植物画家ゲオルク・エーレット（Georg Ehret, 1708–1770）などがいた。ルソーと一緒に、ピーク地方（Peak District）に植物採集の旅にも出ている。また、聖職者で植物学者でもあったジョン・ライトフット（John Lightfoot, 1602–1675）は、マーガレットの私設博物館の監督も行った。

王侯貴族の女性が特権とした庭園において、中流階級の女性たちが経済的理由のために植物学に携わることになる分野は、植物画であった。イギリスにおける女性植物画家の草分け的存在は、一八世紀のエリザベス・ブラックウェル（Elizabeth Blackwell, 1707–1758）であると言われている。[46] 彼女は、植物の学術名を記した本格的な植物画を描いた。スコットランドに画家の娘として生まれた彼女は、職業画家となっていった。彼女は結婚後、医師や印刷業などで失敗を重ね投獄された夫に代わり、家計を支えるために助産婦の資格を取る。しかし、若い時に受けた絵画の訓練を生かして、精密な植物画を描く仕事を得た。特に、スローンにも認められ、チェルシー薬草園において精密画を描いた。さらに、薬草の重要性に注目していたブラックウェルは、『ア・キューリアス・ハーバル（*A Curious Herbal*）』の植物図版に携わり、同著はヨーロッパ各国で翻訳された(47)。

一八世紀という理性の時代は、前世紀に始まった動物学や植物学などの自然科学が発達し、社会に新たな風を起こした時代である。植物学や園芸は、財力がある上流階級の女性にのみ、かろうじて開かれた。多くの女性たちにとって、庭園は夫の権力や財力の象徴か、肉体労働の場であった。コーヒーハウスからも紳士クラブからも締め出された女性たちは、新たな時代を待たなければならなかったのだ。

注

（1）ギリシャ・ローマ神話に関しては、丹羽、山田を参照。神話と花に関しては、スキナー、山田を参照。
（2）『花を摘む乙女』は現在、ナポリ考古学博物館（Naples National Archaeological Museum）に所蔵されている。
（3）『プリマヴェーラ』は現在、フィレンツェのウフィツィ美術館（Galleria degli Uffizi）に所蔵されている。千足を参照。
（4）フローラと祝祭に関しては、ペルトを参照。
（5）ヴァルテール、一六三頁。
（6）ヨーロッパにおける五月祭に関しては、芳賀、カイトリー（二四〇－四七頁）、宮北・平林（三六－三九頁）、植田（一六四－七二頁）、ヴァルテール（一六三－八七頁）を参照。
（7）カイトリー、二四二頁。
（8）カイトリー、二四四－四五頁。
（9）イギリスにおける五月祭に関しては、カイトリー、塩路を参照。サンザシは、「聖なる茨」として、十字架にかけられたイエス・キリストの身体を覆いつくした枝であると伝えられている（スキナー、一一一－一三頁、一三七－三八頁）。モリスダンスに関しては、宮北・平林（四六頁）と塩路（一三九－六六頁）を参照。
（10）宮北・平林、三八頁。
（11）カイトリー、二四三頁。
（12）宮北・平林、三八頁。
（13）『聖女マルガリータと聖アンサヌスのいる受胎告知』は現在、ウフィツィ美術館に所蔵されている。
（14）パウア、四六頁。
（15）修道院の庭に関しては、中山、一四－二四頁を参照。
（16）中山、一七－一八頁。
（17）三世紀のエジプトにおける修道院の創設から、ヨーロッパ各国では六世紀には西欧型修道院が確立されていった。それは、現代の修道院の基準となったとも言える『聖ベネディクト会則』が、六世紀にかけて書き残されたことによる（今野、七二―七四頁）。

(18) シトー会修道院のグランギア（grangia、イタリア語で修道院付属の荘園）に関しては、今野一三七―一四八頁を参照。

(19) 野田・飯嶋、七頁。

(20) パウア、一四八頁。

(21) ヘルペル、六四頁。

(22) 中山、一六一―一七頁。

(23) ヘルペル、七九頁。

(24) 女子修道院の歴史に関しては、エイネン、一八九―二一六頁を参照。

(25) 女子修道院は、教養を身に着けることができる女子教育の場でもあり、また結婚する機会がなかった貴族の娘に残された唯一の選択肢であり、また結婚させることができない親が娘を送り込む場でもあった（野田・飯嶋、一三一頁）。

(26) 安達、一五頁。

(27) エンネン、二一六頁。

(28) 野田・飯嶋、一三〇頁。

(29) 中世における修道女に関しては、石井参照。

(30) 石井、一七二頁。

(31) ヒルデガルトに関しては、飯嶋、ニューマン、野田・飯嶋（一六一―二五頁）、種村、Taylor and Bell, pp.16–17、ヘルペル（六六―七一頁）を参照。

(32) 一五、一二八―一三三頁。

(33) パウア、一三六―一四〇頁。

(34) Taylor and Bell, pp. 24–25.

(35) 石井、九一頁参照。石井によると、『女庭師に植えつけを教える荘園の女主人』は、ロンドンの大英図書館所属。

(36) ブリセッティ、一五頁。

(37) Taylor and Bell, p. 17.

(38) Horwood, pp. 9–10.

(39) John Parkinson の *Paradisi in Sole, Paradisus Terrestris* において書かれている。

(40) メアリー・サマーセットに関しては、*Biodiversity Heritage Library* (BHL, https://blog. Biodiversitylibrary. org)、Horwood, Laird を参照。

(41) 現在もバドミントン・ハウスは、ボーフォート公爵家の所有であり、メアリーがつくった庭は姿を変えているが、その伝統は守られている。

(42) パウア、一〇七–〇八頁。

(43) 一八世紀の女性と自然科学と芸術に関しては、Sagal を参照。

(44) マーガレットに関しては、Horwood を参照。

(45) ロンドンで一七五〇年代初めに組織化されたブルーストッキングス協会は、上流階級の女性たちが集い、文学や芸術から教育などの社会問題を議論したインフォーマルな集まりであり、一八世紀の終わりには消滅したが、二〇世紀初頭に創設された日本の青鞜社に影響を与えた。

(46) ブラックウェルは後世に至っては、忘れ去られるが、レズリー・スティーヴン（Leslie Stephen）の一八八六年から一八九一年にかけて刊行された『英国人名辞典（*Dictionary of National Biography*）』にエントリーされた。また現在では、『ア・キューリアス・ハーバル』の図版は大英図書館のウェブサイトで紹介されているし、ブラックウェルの作品は、二〇二二年から翌年にかけて、ロンドンのヴィクトリア・アンド・アルバート博物館において開催された特別展“Print and Prejudice: Women Printmakers, 1700–1930”で紹介されている。

(47) 正式原題は、*A Curious Herbal Containing Five Hundred Cuts, of the most useful Plants Which are now used in the Practice of Physick* である。

II

一九世紀における園芸学の流行と女性

5

大英帝国における女性、植物学、園芸学

大英帝国（British Empire）において画期的に発展した植物学と人気を博した園芸学は、男性中心の世界であった。女性はそこから排除され、過小評価されながらも、植物に関係する分野に参入していった。

一九世紀を迎えると、イギリスは植民地支配により海外領土を拡大し、大英帝国として君臨するようになった。大英帝国は、地球上の領地や人口の四分の一を占めたとされる。それは、イギリスが世界市場を獲得したというだけでなく、英語やイギリスの文化および価値観が植民地にも移植されて浸透していったことを意味する。そして、大英帝国は植民地から動植物を略奪しては、それらの有益化を推し進めた。

プラントハンターによる植物収集が加速して、キューガーデンズにおいて収集された植

物が有益かどうかを研究することが大英帝国の国策となっていった。医師たちの多くが植物学や動物学への道を切り開き、植物学や動物学が新たな独立した科学として確立されていく。植物学においては、スウェーデンのカール・フォン・リンネ（Carl von Linné, 1707–1778）が植物の分類の基礎を築いた。

中世の本草学（herbalism）は植物学へと発展するが、一八世紀になると、次々とプラントハンターたちが海外から希少植物を持ち込み、その分類が必要となった。さらに、一九世紀になると、イギリスの自然科学者チャールズ・ダーウィン（Charles Robert Darwin, 1809–1882）が、進化生物学を発表した。このダーウィンの進化論に影響を受け、オーストリア帝国の聖職者で生物学者であったグレゴール・ヨハン・メンデル（Gregor Johann Mendel, 1822–1884）が、植物学の研究からメンデルの法則と呼ばれる遺伝の法則を発見した。

植物学や遺伝子学の発展により、一九世紀において、植物は最も重要な研究対象となっていった。ジョゼフ・バンクスのような裕福な者たちがパトロンとなり、造園家や植物学者たちが競って植物の研究を行い、その地位を確立しようとした。

その研究所の中心となったキューガーデンズは、男性中心の世界で、新設時から園長は男性の造園家や植物学者が占めた。[1] 植物学の発展に伴い、園長の地位も高くなっていった。しかも、初代と二代目は造園家のエイトン親子、三代目と四代目は植物学者のフッカー親子がその地位を独占した。[2] また、キューガーデンズよりも古く、一六七三年に設立されたチェルシー薬草園は、現在までスローン家の所有地であるが、一八世紀には園芸家で植物学者のフィリップ・ミラー（Philip Miller, 1691–1771）が園長を務めて、最も優れた植物研究所となった。そこからウィリアム・タウンゼンド・エイトン（William Townsend Aiton, 1766–1849）が育ち、さらにミラーの後継者となったウィリアム・フォーサイス（William Forsyth, 1737–1804）が輩出された。[3] 国内の植物園は英領に創設された王立植物園と連携して、研究を発展させていった。そのなかで、王立カルカッタ植物園（The Royal Botanic Garden, Calucutta）は、英領のアジアにおける植物研究の中心だった。英国内外の研究所としての植物園の創設期は、男性によって占められていたのである。

植物園は実益を追求する研究所であり、そこには男性中心の経済および政治が基調としてあった。イギリス文化の象徴でもある紅茶も、中国から入手したチャノキをイギリスに持ち帰って研究し、その栽培に適しているとの判断されたインドの高冷地ダージリンに移植した研究成果の賜物である。植民地化したインドで、インド人たちを労働者として酷使するプランテーションを設立して、商業的に利益が上がる茶園が確立された。綿花、タバコ、コーヒー、砂糖、ゴムなども同様に、アジア、北アメリカ、中南米、西インド諸島などにおいて栽培され、巨額な富を大英帝国にもたらした。三角貿易は、国外では奴隷制度を、国内では経済格差を生み出した。植物園という研究所は、植民地支配と西洋帝国主義の砦であり、植物の略奪により成り立ち、植物の経済効果を図る場所だったのである。

　産業革命が興ると、中流階級が台頭して、経済、社会および文化活動の中心になってくる。彼らは、それまでの上流階級の生活をモデルとして、屋敷を建てたり、庭園を整備したりした。植民地主義のなかで新たに起こった繊維業や重工業の成功者たちの間でも、植物学などの自然科学や園芸学が流行する。中流階級の男性たちは、紳士クラブなどで、政治、社会、芸術、そして文化を語り、自分の教養の高さを競い合った。また、労働者階級出身の植物学者や園芸家が、頭角を現してくる。園芸雑誌が刊行され、園芸を奨励する団体が設立され、品評会やフラワーショーが開催されるようになった。

　そのような園芸を奨励する団体で最も重要なものが、王立園芸協会（Royal Horticultural Society）である。[4] 一八〇四年にロンドンで設立されたロンドン園芸協会（Horticultural Society of London）を前身として、植物学者からフローリストたちまでが、園芸に関する研究や発見の報告を行ったりした。一八世紀に創設されたイギリスで最も有名な陶器会社ウェッジウッドの創設者の息子であるジョン・ウェッジウッド（John Wedgwood, 1766–1844）を中心に七人の会員から出発したロンドン園芸協会には、ウィリアム・タウンゼンド・エイトン、ジョゼフ・バンクス、ウィリアム・フォーサイスを含む影響力がある人材が集った。王立園芸協会によって実験的な庭園が四か所に設立された。また、一八六二年から、ケンジントンでフラワーショーを開催し始め、一九〇五年からチェルシー病院でチェルシー・フラワーショーが開催されるようになった。その後、様々な変遷を経て、チェルシー・フラワーショーは世界的に権威があるフラワーショーとして君臨している。

中流階級の女性たちは、男性中心主義的社会のなかで、学問の世界からも、ビジネスの世界からも、また紳士クラブからも締め出されていた。植物学の世界も例外ではなかった。

一九世紀を代表する植物学者ジョン・リンドリー（John Lindley, 1799–1865）は、植物学は科学として専門的に研究する学問であり、女性が余暇を楽しむためのものではないとして、女性を排除した。(5) 彼は果樹園や園芸を営む家に生まれ、ジョゼフ・バンクスの助手となり、独学で植物学の勉強をした。若くして頭角を現して、ロンドン・リンネ協会（Linnean Society of London）の会員にも選ばれた。そして、一八二九年にユニヴァーシティ・コレッジ・ロンドン（UCL: University College London）の植物学の教授に迎え入れられ、王立研究所（Royal Institute of Great Britain）やチェルシー薬草園でも植物学を教えた。また、専門書や一般書も含め、多くの植物学の本を遺した。リンドリーは植物学の確立に貢献したが、学問としての植物学の確立により、女性排除を明確としたのだった。

しかし、同時に、一九世紀には、女性たちが、参政権獲得や高等教育の機会均等への手がかりをつかんでいった。大英帝国を支える父親や息子たちに対して、女性たちは、自分たちの自立の道を模索していった。中流階級の未婚の女性たちは、上流階級の女性たちのように親や兄弟に経済的に頼ることもできず、また、労働者階級の女性のように労働に従事することもできなかった。結婚する以外に生きる道がほとんどなかった中流階級の女性たちにとって、家計を助けるために開かれた職業は、裕福な屋敷の子供たちを教えるガヴァネス（governess）だった。

また、父親の死や倒産などによって、雑誌などに記事を書くことにより、家計を支えた女性たちもいた。兄弟たちのように学校教育を受けることができなかった女性たちや、高等教育まで進むことができなかった女性たちには、ほとんどの専門職への道が閉ざされていたのだ。しかし、中流階級の女性の経済的自立は必要となっていた。

女性への性差別が顕著な一九世紀の社会において、植物学や園芸学で頭角を現してきた女性たちのなかには、父親や夫に影響を受け、海外の赴任先に同行して、植物収集をする機会があった女性たちが多かった。彼女たちのなかには、園芸の指南書を出版したり、植物画家として本や園芸雑誌に作品を発表したりする者もいた。学問として確立されつつあった植物学や、そこに集う男性コミュニティから締め出された女性たちは、園芸学、植物絵画、そして植物およびガーデン・ライティングの世界へ参入していった。

6 園芸学の発展と女性による植物研究

植物学の主流から締め出された女性たちは、新たに注目を集め出した園芸をめぐる様々な分野の活動に従事し始める。彼女たちは、経済的な理由であったり、精神的な理由であったり、それぞれ異なる理由で、園芸に関与していった。しかし、彼女たちの活動は点として存在し、男性たちのようなコミュニティのなかで培われることは少なかった。

園芸学の発展は、植物をめぐる多様な活動が、階級や性別を超えて盛んになってきたことによる。園芸学は中世から存在していたが、一九世紀になり、新たな側面を迎えた。それは、労働者階級の人々や女性たちに、可能性をもたらしてくれる分野だったからである。

園芸学は、植物学よりも実践的な分野であり、また一般に園芸（ガーデニング）と言われる活動よりも専門的で広い範囲を取り扱う。大学や専門機関において男性のみに開かれた植物学に対して、園芸学は専門知識を持つ職業としてのガーデナーやガーデンデザイナーを生み出す分野となっていった。それは、アマチュアや専門知識がないガーデナーとは区別されて、園芸学者あるいは園芸専門家（horticulturist）と呼ばれるようになる。園芸学は、農業（agriculture）と重なるが、農業のように大規模ではない。現代においては、一人の肩書に、植物学者、園芸学者、ガーデナーが並ぶ場合が多いが、一九世紀において、園芸という専門分野は、新たに付加されていった分野だった。

園芸学は、土壌や栽培方法などの研究と実践を含むものであり、そのなかで植物生理学

(plant physiology) が、重要な研究領域となっていった。植物生理学とは、植物と土壌成分、成長に必要な栄養、光合成、さらに植物ホルモンなどに関することを解明する植物学の研究領域である。

この植物生理学者として名を残している女性が、アグネス・イベットソン (Agnes Ibbetson, 1757–1823) である。[6] 一九世紀の初め、彼女は在野の植物学者として、植物を収集して顕微鏡を使って実験と観察を行い、壮年期の一八〇九年から晩年の一八二二年の間に、五〇本以上の論文を自然科学の雑誌に発表した。独学で植物生理学に取り組んだイベットソンは、一九世紀初頭に最も多くの植物に関する論文を発表した研究者なのである。

イベットソンは、ロンドンの商人の家に生まれて、家庭で教育を受け、牧師の息子である法律家と結婚した中流階級の女性である。しかし、一七九〇年、三五歳の時に、夫が亡くなってしまった。イベットソンは、若くして夫を亡くしたが、年金や裕福な親族に恵まれて、ロンドンからデヴォン州に引っ越して、新たな生活を始めた。[7] イベットソンが寄稿した雑誌は、一八世紀に、イギリス東インド会社の社員であり化学者となったウィリアム・ニコルソン (William Nicholson, 1753–1815) が創刊した『ア・ジャーナル・オブ・ナチュラル・フィロソフィー・ケミストリー・アンド・ジ・アーツ (*A Journal of Natural Philosophy,*

Chemistry, and the Arts)』や、ジャーナリストのアレクサンダー・ティロック（Alexander Tilloch, 1759–1825）が創刊した『ザ・フィロソフィカル・マガジン（*The Philosophical Magazine*)』などである。両誌のタイトルが示すように、科学が自然哲学の傘の下にあった時代のことである。

また、イベットソンの農作物に関する研究は農業発展に貢献して、農業の促進活動を行うバース・アンド・ウェスト・オブ・イングランド・ソサエティ（Bath and West of England Society、現在の The Royal Bath and West of England Society）にメンバーとして認められた。この農業の向上を目的とする研究と実践は、一九世紀の園芸学の基本であることから、イベットソンは園芸家として先駆的役割を果たしたのである。

イベットソンと同時期に、インドの鉱物や植物の収集を行い、貴重な標本を残した女性が、ポウィス伯爵夫人ヘンリエッタ・アントニア・クライブ（Henrietta Antonia Clive, Countess of Powis, 1758–1830、以下ヘンリエッタ）である。ヘンリエッタは、イングランドのシュロップシャー（Shropshire）とウェールズに広大な領地を持つ伯爵家の一族に生まれた。一族は、ヘンリエッタの未婚の時の肖像画を、著名な肖像画家ジョシュア・レノルズ（Sir Joshua Reynolds, 1723–1792）に依頼するほどの名家であった。しかし、一族は財政難に陥り、ヘンリエッタが、同郷出身で男爵家のエドワード・クライブ（Edward Clive, 1st Earl of Powis, 1754–1839）と結婚することにより、危機を脱した。エドワードは、軍人で英領インドで地位を築き、「インドのクライブ（Clive of India）」と呼ばれたロバート・クライブ(Robert Clive, 1725–1774）の長男である。エドワードが英領マドラス総督に任命されたために、ヘンリエッタは夫とともに、インドで暮らすことになり、四人の子供を産んだ。

インドでの生活が、ヘンリエッタを植物学の道へと向かわせた。当時鉱物収集は貴族の女性の余暇として人気があり、彼女の鉱物収集は増え続け、本格的な標本を作製して、現在は国立ウェールズ博物館（The National Museum Wales）に所蔵されている。[8] さらに、インドにおいて庭園をつくり、インド原産の植物を収集して記録を残した。特に、インド南部のマイソール（Mysore）地方などを探検して植物を収集した。そして、多肉植物のカラルマ属ガガイモ科（caralluma umbellata）などの新種を見つけて、王立カルカッタ植物園に送った。[9] ヘンリエッタの娘、シャーロット・パーシー（Charlotte Florentia Percy, Duchess of Northumberland, 1787–1866）は、イギリスで初めて、南アフリカ原産の植物を育てた。南アフリカ原産の君子蘭の学名Clivia miniataのCliviaは、彼女の一族の名前から付けられた。

男性中心の植物学の世界は、園芸学という新たな分野が開かれてくると、女性たちに可能性を与えていった。

7 女性植物学画家の誕生と確立

——美術学校の創設と流行

女性が植物学の世界に参入する最も有効な手段の一つは、植物画家になることだった。これは、植物学の発達と流行により、植物画家が必要とされたことと、当時の中流階級以上の女性は教養として絵画を習っていたことによる。[10] 一八世紀から一九世紀にかけて、多くの植物学や園芸学の定期刊行物が創刊され、そこに植物画家が必要とされた。美術学校が創設され、女性に入学が許可されるようになると、それまで教育の場から締め出されていた女性たちが、美術学校に押し寄せた。

一八世紀のエリザベス・ブラックウェルが作り上げた女性植物画家の道は、一九世紀になると徐々に発展していった。オーガスタ・イネス・ウィザース（Augusta Innes Withers, 1793–1877）とサラ・アン・ドレイク（Sarah Anne Drake, 1803–1857）などが、女性植物画家として名前を残している。

ウィザーズは、牧師の娘として生まれ、結婚してロンドンで暮らした。一八二七年から一八六五年の間、画家として活躍したが、そのなかで、特に植物画家として認められた。絵を教えながら、意欲的に創作を続け、一八二九年から一八四六年に、最も権威あるロイヤル・アカデミー（Royal Academy）、ロイヤル・ソサエティ・オブ・ブリティッシュ・アーティスツ（Society of British Artists）、ニュー・ウォーターカラー・ソサエティ（New Watercolour Society）で、作品を発表した。一八五五年に創設されたソサエティ・オブ・フィーメル・アーティスツ（Society of Female Artists）においても、作品を発表した。

ウィザーズは、植物学者ジョン・リンドリーの『果実園芸学雑誌（*Pomological Magazine*）』にも図版を描き、また造園家ジョン・ラウドン（John Cloudius Loudon, 1783–1843）にも認められた。その功績が称えられて、彼女は、ウィリアム四世のアデレード王妃の、そしてウィリアム王の死去後はヴィクトリア女王の常任植物画家（Flower Painter in Ordinary）の地位に就いた。

一方、ドレイク一家は、リンドリーの隣人であり、リンドリーの妹と同じ学校に通うなど、リンドリー家と交流があった。その後、ドレイクは絵の勉強のためにパリに渡ったとされている。一八三〇年には、ロンドンのリンドリー家に娘たちのガヴァネスとして雇われることになった。しかし、彼女の絵の才能を評価したリンドリーが、彼の植物学の本の挿絵を彼女に依頼するようになった。さらに、ウィザースとともに、ランの収集家として

オーガスタ・イネス・ウィザースによる
“Oncidium icurvum orchid,”
James Bateman, *The Orchidaceae of Mexico and Guatemala* , pl. 29, (http://www/botanicus.org/page/769217)

サラ・アン・ドレイク、"Sarah Anne Drake from a sketch by Sarah Lindley or Barbara Lindley," "Botanical Art and Illustrations," Smithsonian Institution (http://gardens.si.edu)

著名なジェームズ・ベイトマン（James Bateman）による一八四五年の『メキシコとグアテマラのラン（*Orchidaceae of Mexico and Guatemala*）』の挿絵製作に加わった。

女性を植物学の世界から締め出したリンドリーの二人の娘は、皮肉にも画家となり、多くの植物画を残した。長女のサラ・リンドリー（Sarah Lindley, 1826–1922）は、肖像画家チャールズ・フォックス（Charles Fox）の個人指導を受け、さらに父親のもとで植物画を請け負っていたドレイクにも影響を受けて、植物の水彩画を描くようになる。その後、サラは法律家の夫と赴任先カナダで生活して、七人の子供を産み、夫の仕事を支えた。[11] そのために彼女は絵を描くことから遠ざかるが、カナダで街並みを描いた水彩画を遺している。

イギリス国内からも出ずに植物画を描き続けた女性たちが多くいた一方で、自らが世界を旅して植物の写生をし、植物画家として名を残した女性が出てきた。マリアンヌ・ノース（Marianne North, 1830–1890）は、ノース男爵一族の娘として生まれ、裕福な家庭環境のなかで音楽や絵画を学んだ。[12] 父親は領地のヘイスティングスとロンドンに屋敷を持ち、ロンドンでは、当時キューガーデンズの所長をしていた植物学者ジョゼフ・ダルトン・フッカー（Joseph Dalton Hooker, 1817–1911）とも交友関係にあった。

ノースは、世界を旅して、現地で生息する植物を観察して描いた植物画家である。生涯独身だったノースは、母親の死後、父親と旅に出るようになった。スイスや北アイルランドのティローンからシリアやナイルまで広範囲にわたって旅行をした。父親がアルプス山脈で病に伏し、帰国後に亡くなって以来、ノースは悲しみのなかで絵画に没頭する。そして、シチリア島、カナダ、アメリカ、ジャマイカ、ブラジルの奥地にまで旅をして、珍しい植物の写生を続けた。さらに、ボルネオ、当時のセイロン（現在のスリランカ）やジャワ島、インド、さらにニュージーランドとオーストラリアにも訪問した。一八七五年から一八七六年には日本を訪問している。彼女の植物画はキューガーデンズに収められ、マリアンヌ・ノース・ギャラリーとして開設され現在にいたる。

一七八七年に創刊された『カーティス・ボタニカル・マガジン（*Curtis's Botanical Magazine*）』は、植物学者ウィリアム・カーティス（William Curtis, 1746–1799）により刊行された、図版入りの植物学の定期刊行物である。その定評ある図版には、花の歴史や特質などの解説が付いていた。その後、キューガーデンズの園長を務めたフッカー親子が編集に携わった。それ以来、キューガーデンズとのつながりが強くなっていった。また、専属の植物画家が職を辞すと、女性植物画家の活躍が顕著となる。

ジョセフ・ダルトン・フッカーがキューガーデンズの園長になると、彼の娘のハリエット・アン・フッカー（Hariett Anne Hooker, 1854–1945）とフッカーのいとこのマチルダ・スミス（Matilda Smith, 1854–1926）が、専属の植物画家となった。特に、スミスは一八七八年から四〇年間、植物画家として雑誌を支えた。彼女たちの起用は、園長になったフッカーの権限で決められたものであった。その後、オーガスタ・ウィザースとケンブリッジ大学の植物学の教授の娘でジョセフ・ダルトン・フッカーの義理の妹となったアン・ヘンスロー・バーナード（Anne Henslow Barnard, 1833–1899）が、植物画を提供した。この伝統は、二〇世紀、リリアン・スネリング（Lilian Snelling, 1879–1972）にまで続いた。『カーティス・ボタニカル・マガジン』は現在まで続いており、また世界で最も長く刊行し続けている植物雑誌であり、現在はキューガーデンズの出版となっている。そこには、植物画を専門とする女性画家たちの誕生があったのである。

専門教育を受けずに植物画家となっていった女性たちの活躍は、多くの中流階級の女性たちに夢を与えた。彼女たちの夢をかなえるためには、一九世紀ロンドンをはじめイギリスの都市や町に、工芸からアートやデザインを学ぶために創設された学校が、大きな役割を果たした。これらの学校の創設は、アーツ・アンド・クラフツ運動の思想に基づいているものが多かった。

一八三七年にロンドンのサマーセット・ハウス（Somerset House）に創設された学校は、のちにサウスケンジントンに移転してサウスケンジントン・スクール・オブ・アート（South Kensington School of Art）と呼ばれて親しまれ、一八九六年にはロイヤル・カレッジ・オブ・アート（Royal College of Art）に改名された。一九六七年には、大学として認可を受けた、現在では世界最高峰の芸術系の大学と大学院を誇る。

一九世紀には、絵をたしなむことが中流階級以上の女性にとって必要な教養であった時代から、女性の職業画家が誕生する時代に変わっていった。また、個人教授に絵を教わることから、学校に行って絵画などを学ぶことにシフトし、女性の入学希望者のために、一八四二年には、ロイヤル・フィーメル・スクール・オブ・デザイン（Royal Female School of Art）がサマーセット・ハウスに併設された。サウスケンジントン・スクール・オブ・アートは一八六三年には共学になり、二人の女性が入学を許可された。女性の卒業生のなかには、教員として戻ってくるものもいた。

絵画が、中流階級や上流階級の女性に必要とされる教養から、職業につながる専門とされるようになった。彼女たちの多くが、写実的な静止画を学び、植物画家になるなど、需要がある分野で活躍した。植物学や園芸学の雑誌が次々に刊行され、アマチュア植物学者たちが書籍を出版した。そこでは、植物画家が必要とされ、その分野で女性の画家たちは職業画家として自立していったのである。

8

女性によるガーデン・ライティング

——ジェーン・ラウドンと園芸雑誌

植物画家と同様、植物および園芸に関して記事や説明文を書くガーデン・ライティングもまた、一九世紀の女性にとって、参入することができる領域であった。特に中流階級の女性たちにとって、文筆業は最も身近で適切な職業だったからである。一八世紀には、貴族階級の女性たちによる書簡集や記録が残されている。外交官の妻としてトルコで暮らし、一般に『トルコ書簡集（*Turkish Embassy Letters*）』と呼ばれる書を記した、メアリー・ウォートリー・モンタギュー（Mary Wortley Montagu, 1689–1762）は、女性旅行作家の先駆的存在である。第6章で述べたヘンリエッタ・アントニア・クライブによる、インドでの体験を書き綴った日記は、『バーズ・オブ・パッセージ――ヘンリエッタ・クライブズ・トラベルズ・イン・サウス・インディア　1798–1801（*Birds of Passage; Henrietta Clive's Travels in South India 1798–1801*）』として、二〇一〇年版が出版された。

一九世紀になると、特に中流階級出身の女性たちが、家計を助けるために、あるいは自分の創造力をためすために、雑誌に記事や短編小説を投稿した。小説だけでなく、女性による政治、経済、法律、また地理などに関する記事や書籍が出版されていく。経済的自立のために、ハリエット・マーティノー（Harriet Martineau, 1802–1876）は経済、政治や社会問題をわかりやすく解き明かし、広く旅行をして見聞を深めて記した。湖水地方に移住すると、農業にも取り組み、その体験に関しても書き残した。また、日本も訪問した探検家で旅行作家イサベラ・ルーシー・バード（Isabella Lucy Bird, 1831–1904）の紀行本が出版された。

文筆業に携わる女性が増え、それが園芸や植物に関する論文や記事においても顕著になっていく。彼女たちは植物画とともに植物学や園芸学の知識に基づき文章を添えたり、あるいはガーデンデザインに関する文章をイラスト付きで載せたりした。

第7章で述べた、一九世紀初頭から風景庭園のデザイナーとして活躍したジョン・ラウドン（以下ジョン）の妻ジェーン・ラウドン（Jane Laudon, 1807–1858、以下ジェーン）は、結婚後に植物学と園芸学に没頭して、植物学の著作を多く残した。ジェーン・ラウドンは、その後に続く女性園芸作家たちの先駆的存在だと言える(13)。

ジェーンは、結婚前、すでに作家ジェーン・ウェブ（Jane Webb）として名声を得ていた。彼女が一八二七年と一八二八年に発表した未来小説『ミイラ！――二二世紀の物語（*The Mummy!: Or a Tale of The Twenty-Second Century*）』は、科学者がミイラを二二世紀に復活する話である。この小説は、未来の作物の栽培方法に着想を得たとされ、ジョン・ラウドンはこれの書評を書いたことにより、彼女と知り合ったとされている。

ジェーンは製造業を営む裕福な家に生まれ、母親の死後、父親とヨーロッパ大陸に一年間滞在して、外国語も習得した。しかし、父親の事業が窮地に陥り、ジェーンが一七歳の時に、父親は破産して亡くなってしまった。父親の死により、一人で身を立てていくしかなくなったジェーンは、文筆業を生業とすることを決意する。そして、二〇歳の時に、『ミイラ！』の第一巻を出版して注目された。

結婚後は、体が弱いジョンのために、ジェーンは彼の執筆を助け続けた。病床にあるジョンの口述筆記もした。植物学の著作に関しては、ジョンとジェーンの共著もあり、植物学の専門書から若い人への園芸の指南書まで刊行した。しかし、夫の死後出版したジェーン

ジェーン・ラウドン、“the only known portrait of Jane Loudon, taken from a miniature in colour in the possession of Mrs Rex Spofford, Jane Loudon's great-granddaughter”（*Howe, Lady with Green Fingers*）

の単著は、作家としての彼女の独立した精神の賜物となった。

ジェーンの植物に関する著作は、一般の女性たちが家庭でどのようにガーデングを行うのかという実用書から、自らが描いた植物画に花の育て方を説明したものまである。特に、一八四〇年に出版されたジェーンの『婦人たちのためのガーデニング――フラワーガーデンの手引書（*Gardening for Ladies; and Companion to the Flower Garden*）』は、女性たちがガーデンに植えることができる、身近で人気がある花々を紹介したものである。彼女の植物画は、それまでの標本用の写実的絵画とは異なり、様々な種類の花をブーケとして描くというスタイルで、色彩的にも鮮やかである。また、女性がガーデンを造る際に必要な植物や方法を記した指南書も出版している。

ジェーンの著作は、植物作家となる道を女性たちに開くきっかけともなった。

一九世紀は、多くの園芸雑誌が刊行され、そのなかには、前述の『カーティス・ボタニカル・マガジン』のように、現代まで続いているものもある。また、植物学者が創刊して監修した権威がある雑誌もある。それらの雑誌の多くは、植物に関する情報や園芸技術に関するものなど実践的な内容を含むもので、人気を博していった園芸学の発展を表している。

一九世紀を代表するガーデナーの一人ジョゼフ・パクストン（Joseph Paxton, 1803–1865）は、一八三一年に、月刊誌『ザ・ホーティカルチャル・レジスタ・アンド・ジェネラル・マガジン（*The Horticultural Register and General Magazine*）』を、また一八三四年には、『ザ・マガジン・オブ・ボタニィ（*The Magazine of Botany*）』を創刊した。(14) 後者は、銅版画の豪華な図版が付けられた。パクストンは、植物事典や植物栽培に関する書籍も刊行した。

さらに、パンクストンやリンドリーも創刊に関わった『ザ・ガーデナース・クロニクル（*The Gardeners' Chronicle*）』は、一八四一年に新聞のかたちで出版された。リンドリーは初代編集長となり、豪華図版を掲載した植物雑誌とは異なり、ガーデナーたちが必要とする国内外のニュースを掲載して、発行部数を伸ばした。寄稿者のなかにはダーウィンやフッカーもいた。その後、様々な変遷を経て、一九八六年には、『ホーティカルチャー・ウィー

Jane Loudon, *Gardening for Ladies* 表紙

Jane Loudon, *Ornamental Flowers* から “5. Annuals: A Collection of Convolvulus and Ipomoes Species”

ク（*Horticulture Week*）』に合併されたが、創設期の伝統は受け継がれている。

一八四〇年には、ロンドン園芸協会により一八六六年に創刊された『ザ・ジャーナル・オブ・ザ・ロイヤル・ホーティカルチュラル・ソサエティ（*The Journal of the Royal Horticultural Society*）』は、創刊されてから現在にいたるまで、最も権威がある園芸学の定期刊行物の一つである。一九七五年には、月刊誌『ザ・ガーデン（*The Garden*）』と改名され、現在は、ＲＨＳの定期刊行物であるが、一般にも販売されており、著名な園芸家たちが寄稿してきた。

また、一八七一年には、コテージガーデンを推奨したウィリアム・ロビンソン（William Robinson, 1838–1935）が、『ザ・ガーデン――アン・イラストレイテッド・ウィークリー・ジャーナル・オブ・ガーデニング・イン・オール・イッツ・ブランチーズ（*The Garden: An Illustrated Weekly Journal of Gardening in All its Branches*）』に取り掛かり、一八七二年から一九二七年まで続けた。美術評論家でオックスフォード大学の教授（Slade Professor of Fine Art）となったジョン・ラスキン（John Ruskin, 1819–1900）やアーツ・アンド・クラフツの運動を推進したウィリアム・モリス（William Morris, 1834–1896）なども寄稿した。(15)

女性によるガーデン・ライティングは、植物画と同様に、女性と園芸や植物との関係性が変化したことから生まれたものである。それは、一九世紀以降、女性が植物や園芸をより専門的に学び、園芸作家という職業を確立させていくうえで、重要な分野となったのである。

9

コテージガーデンの流行とアーツ・アンド・クラフツ運動

――ガートルード・ジーキルの庭園哲学

ガートルード・ジーキルは、前述のウィリアム・ロビンソンが創設した『ザ・ガーデン』にも原稿を送った一人である。ジーキルは、実践的なガーデンデザインをし、それを書き残した園芸作家でもある。[16]

女性ガーデナーとして常に名前があがるのがジーキルである。一九世紀後半に興ったアーツ・アンド・クラフツ運動に影響を受けた女性芸術家たちが誕生した。[17] その一人であるジーキルは、一八六一年、一八歳の時に、サウスケンジントン・スクール・オブ・アートに入学して、絵画だけでなく、植物学、解剖学、光学、色彩学などを学んだ。そして、絵画の創作から、美術工芸の世界に入っていった。しかし、目の疾患のためにその道をあきらめて、園芸学とガーデンデザインの世界へと移行していく。彼女が創り出したコテージガーデンの庭園学は、現代において一般的に知られているイングリッシュ・ガーデンの礎なのである。[18]

ロンドンで軍人の娘として生まれたジーキルは、経済的に豊かな中流階級の子女として育った。家族はサリー州に邸宅を構え、ジーキルは広い庭園と自然のなかで育った。彼女は、生涯独身で、女性の新たな道を模索した新たな時代の女性となっていった。

ジーキルがガーデンデザインへの道に進むことになったきっかけは、サリー州への帰還であった。一八七六年に父親の死去に伴い、ジーキルはサリー州にもどり、母親がマンステッド・ヒース（Munstead Heath）近くに建てた家マンステッド・ハウスで暮らし始めた。一八八〇年代から、ジーキルは園芸作家として頭角を現していった。その結果、イギリス国内だけでなく、ヨーロッパや北アメリカにおいても、計四〇〇以上の庭園のデザインに従事した。

その時代、すでにアーツ・アンド・クラフツの屋敷や庭園がつくられていた。特にロビンソンは、すでに自然に基づく独自の庭園学を提唱していて、ジーキルは彼に感化される。[19]そして、すでにガーデンデザイナーとして活躍していたジーキルは、一八九六年に自宅マンステッド・ウッドの建築を完成させた若い建築家エドウィン・ラッチェンス（Edwin Lutyens, 1869–1944）と共同で、多くの屋敷と庭園を手掛けた。[20]

また、園芸作家としてのジーキルは、一九世紀末から二〇世紀にかけて、一四冊程のガーデニングの指南書、自らの庭園哲学書、そして自叙伝的著作と多くの記事を世に出していった。ジーキルが著作に取り掛かったきっかけは、同じサリー州に住んでいた貴族出身のテレサ・アール（Teresa Earle, 1836–1925）の影響だと言われている。[21]アールは、結婚後、サリー州の屋敷で園芸に取り組み、一八九八年に『ポットポプリ・フロム・ア・サリー・ガーデン（*Pot-Pourri from a Surrey Garden*）』を出版するとよく売れたため、一九〇三年までの間に、合計三冊のポプリの本を出版した。アールという先駆者に導かれて、ジーキルは一八九九年に、初めての園芸書『ウッズ・アンド・ガーデン（*Wood and Garden*）』を出版した。

ジーキルの園芸書は、わかりやすいデザインと文章で成り立っており、広い読者層を持った。女性園芸家であり女性園芸作家となったジーキルは、一九世紀という時代の流れと変遷を表象している存在と言えよう。

注

(1) キューガーデンズに関しては、Brockway、Desmond、Ronald King を参照。

(2) 一七五九年に就任した初代はウィリアム・エイトン（William Aiton）、それを継いだのが息子のウィリアム・タウンゼンド・エイトン（William Townsend Aiton）であり、一八四一年には植物学者でグラスゴー大学教授のウィリアム・ジャクソン・フッカー（William Jackson Hooker）、そしてその後は彼の息子のジョゼフ・ダルトン・フッカーが一八八五年までその地位に就いた。一九世紀最後の園長は、キングス・コレッジ・ロンドンとオックスフォード大学で学び博物学と植物学の教授職についた、後に第11章でも述べるウィリアム・ターナー・シセルトン＝ダイヤーである。

(3) Horwood, pp. 23–24.

(4) ＲＨＳに関しては、Elliott を参照。

(5) Horwood, p. 22.

(6) イペットソンに関しては、*Oxford Dictionary of National Biography* (online)、Tayler and Bell, p. 74 を参照。これ以降、*Oxford Dictionary of National Biography* に関してはオンライン（online）を省略して表記する。

(7) イペットソンの父方の甥は、カナダの初代総督にもなり男爵の爵位も授けられた、初代シデンハム男爵チャールズ・プーロット・トムソン（Charles Poulett Thomson, 1st Baron Sydenham）である。

(8) ヘンリエッタに関しては、*Dictionary of Welsh Biography* を参照。また、ヘンリエッタが暮らしたウェールズのポウィス城（Powis Castle）にはクライブ博物館がある。ヘンリエッタのレノルズによる肖像画も、ポウィス城に所蔵されている。

(9) Horwood, p. 23.

（10）植物画に関しては、Bluntを参照。

（11）*Dictionary of Canadian Biography* を参照。

（12）Horwood, pp. 195–97. ノースは、一八九二年と一八九四年にわたり、自叙伝『幸せな人生の思い出（*Recollections of a Happy Life: Being the Autobiography of Marianne North*）』二巻を出版している。

（13）ジェーン・ラウドンに関してはHoweを参照。

（14）パンクストンは農夫の家に生まれ、ガーデナーとして働き、貴族の庭園管理に従事するようになると、貴族の植物採集に連れられ海外にも行く。その後、ガーデンデザイナーとしてだけでなく、建築家として、また景観デザイナーとしても活躍した。一八五一年の第一回ロンドン万国博覧会では、クリスタル・パレスを設計したことで知られている。

（15）アーツ・アンド・クラフツ運動に関しては、Ashbee、Blakesley、Greenstead、Kaplan、MacCarty、Riley、Shales、Stansky、Tillyard、Triggs を参照。

（16）ジーキルはジキルとも表記される。弟のウォルター・ジーキル（Walter Jekyll, 1849–1929）はロバート・ルイス・スティーヴンソン（Robert Louis Stevenson, 1850–1894）と交流があり、スティーヴンソンは一八八六年の『ジキル博士とハイド氏（*Strange Case of Dr Jekyll and Mr Hyde*）』でその名前を用いたとされる。

（17）アーツ・アンド・クラフツ運動における女性に関しては、Purvis と Thomas を参照。

（18）ジーキルに関しては、Bisgrove、Eberle を参照。

（19）アーツ・アンド・クラフツ運動における庭園に関しては、Tankard を参照。

（20）ラッチェンスは、サウスケンジントン・スクール・オブ・アートで建築を学び、建築家としての道に進んだ。

（21）Farr, Miriam, "Maria Theresa Earle（1836–1925）"（https://www.exploringsurreyspast.org.uk., March 2021）を参照。

III

一九世紀における園芸学校設立と女性ガーデナーの誕生

10

女性高等教育の扉への道のり

一九世紀における女性教育の変遷において、園芸学校の創設と発展は重要な意味を持っていた。園芸学校は、イギリスにおける教育全般の変遷と女性教育の変遷に関与するからである。

中流階級から労働者階級の人々にとって、一九世紀は新たな教育の機会が開かれた時代だった。また、それまで学校教育を受ける機会を奪われてきた女性たちにも、開かれた時代となった。この教育改革は、階級と性差の壁を越え、一九世紀後半から二〇世紀初頭にかけて、初等教育の義務教育化から、中等教育の充実と高等教育の拡大と門戸開放にまでいたった。(1)

産業革命により、世襲制の土地貴族を頂点とする伝統的階級制度が大きく揺らぎ、事業主や専門職に就いて経済的な力を持ってきた中流階級の人々が、社会的活動を行うようになる。彼らは、自分の財力や社会的地位を持つ新興階級となり、その力を社会に還元する博愛主義者（philanthropist）として、社会改革に乗り出していった。(2) 英国国教会教徒だけでなく、社会的に成功した非国教会教徒たちの多くが、社会活動に取り組んだ。特に、一七世紀から社会活動を行ってきたクエーカー（正式には、キリスト友会、Religious Society of Friends）や、一八世紀から一九世紀にかけて増加したユニテリアン（Unitarian）の人々が、社会福祉や教育などの改革を推し進めた。

産業革命により、中流階級に属する人々が増加すると、彼らのなかには、自分たちが経営する炭鉱や繊維工場などで働く労働者たちの福利厚生に、力を注ぐ者たちが出てきた。劣悪な労働条件と生活環境に置かれていた労働者たちに対して、住居や食事の改善を行い、若者や子供たちには食事付きの学校を併設したり、女性には縫物や編み物などで生計の足しにできる技術を教えたりした。

これらの私設の学校に対して、イングランドとウェールズでは小学校の義務教育化と無償化への運動が起こり、一九世紀終わりから、教育法が制定されていった。一八七〇年には、小学校教育法（Elementary Education Act 1870）が制定され、一八八〇年には、五歳から一〇歳（その後、一一歳、さらに一二歳）の子供に小学校の義務教育を行う小学校教育法が制定された。一八九〇年代までに改正が行われ、最終的に小学校教育の義務教育化と無償化が制定された。

産業革命で富を得た新興階級である中流階級をつくり上げた人々の多くは、階級制度や英国国教会に縛られない学校を必要とした。成功者のなかには、非国教会派が多くいたのである。彼らは、自分たちが受けることができなかった教育を、自分たちの息子や娘たちが受けられるようにするために、教育問題に取り組んだ。彼らは、中流階級の子弟のための中等教育と大学を含む高等教育の確立を目指した。

中等教育に関しては、中世から続くグラマースクール（grammar school）が存続する一方で、それに関する改革が行われ、古典以外の科学や数学も教科として取り入れた総合的なカリキュラムに基づく中等教育が提唱された。その改革において、一八六八年のパブリックスクール法（The Public Schools Act 1868）が制定された。

イングランドにおいては、グラマースクールは、貴族の寄付やギルドの裕福な商人の支援により、地元の優秀な男子に開かれた学校として中世から続いていた。中世において、グラマースクールは大学人や聖職者になるための登竜門だった。しかし、産業革命が興ると、古典語よりも現代語である英語や、商業活動に必要な専門科目の必要性が高まった。一八六八年のパブリックスクール法により、グラマースクールのなかから九校（後に七校）を選定して、それらの学校でカリキュラムの再編成が実現化された。一五六七年に無償のグラマースクールとして創設されたラグビー校（Rugby School）において、校長トマス・アーノルド（Thomas Arnold, 1795–1842）が行った改革が、大きな影響を与えた。衣食住をともにする寄宿制のもとで、心身ともに健全な国民をつくることを目的とした。優秀な生徒が入学し、オックスフォード大学やケンブリッジ大学に進学して、各界で活躍するようになる。パブリックスクールは名門校となり、貴族の子弟が入学するようになる。

非国教会教徒の子弟は、一九世紀末まで、英国国教会の教徒でないためにオックスフォード大学やケンブリッジ大学に入学することができなかった。それらの大学は、英国国教会教徒で貴族や上流階級の出身者の男性にのみに入学を許可してきた。それに対して、階級、性、宗教、人種や民族、政治的信条に関係なく、人々に開かれる大学の必要が提唱された。そして、一八世紀中葉から市民大学設立運動（civic university movement）が起こった。

一八二六年、全ての人に開かれた大学として、ユニヴァーシティ・コレッジ・ロンドンが創設された。ＵＣＬには、オックスフォード大学やケンブリッジ大学および英国国教会から圧力がかかった。そして、一八二九年には、英国国教会の支持を得て、キングス・コレッジ・ロンドン（KCL: King's College London）が創設された。高等教育の場での宗教による分断が顕著となった結果である。しかし、一八三六年には、UCLとKCLが統合されて、ロンドン大学として認められ、学位を授与することも可能となった。

さらに、イングランドの主要な産業都市に新たに大学が創設され始めた。それらは、リヴァプール、バーミンガム、ブリストル、リーズ、マンチェスター、シェフィールドに創設された六つの市民大学だった。これらの大学にはヴィクトリア時代の赤煉瓦の建物が占めていたため、レッドブリック大学（red brick university）という愛称でも呼ばれていた。古典的学問を重視するオックスフォード大学やケンブリッジ大学に対して、市民大学はエンジニアや医学、建築学や法律など実践的な専門知識を学び訓練を受けることができる教育の場となる。

パブリックスクールは、中流階級の男子の高等教育への道を開いたが、女子に関しても一足遅れて、改革の波が徐々に押し寄せた。(3) パブリックスクールは男子生徒に限られていたため、男子と同じレベルの教育を女子に与える中等教育の場が必要とされた。一九世紀に設立された女子のための私塾は良妻賢母を教育の指針としていたが、教育者を養成することを目的として、大学進学を目指す女子のための中等教育の場が開かれていった。

ロンドンにもガヴァネスを養成する女子の学校ができた。一八四八年には、一一歳から一八歳までの女子を教育するクィーンズ・コレッジ・ロンドン（Queen's College, London）が、英国国教会の聖職者で社会改革者のフレデリック・デニソン・モーリス（Frederick Denison Maurice, 1805–1872）により創設された。また、翌一八四九年には、ベッドフォード・コレッジ（Bedford College）が設立された。ユニテリアンで、社会改革者としても奴隷制反対運動者としても知られていたエリザベス・ジェッシー・レイド（Elizabeth Jesser Reid, 1789–1866）が、ブルームズベリーに創設した。クィーンズ・コレッジもベッドフォード・コレッジも、後にロンドン大学に合併される。

最も初期に創設された女子のグラマースクールは、一八五〇年にロンドンのカムデンに創設されたノースロンドン・コレージエイト・スクール（North London Collegiate School）である。同校は、フランシス・メアリー・バス（Frances Mary Buss, 1827–1894）により、小規模な私塾として設立された。画家の娘として生まれたバスは、いくつかの女子のための私塾に通うが、それらに満たされなかった。一八四八年にクィーンズ・コレッジ・ロンドンが創設されると、夜学に一年間通った。そして、より高度な勉強をすることができる女子のグラマースクールを創設したのである。

　女子中等教育が確立されていくと、女性の大学進学への道が開かれていった。[4] それは、中等教育を終えた優秀な女性には、高い学問的知識が期待されないガヴァネスにではなく、高度な知識を必要とする専門職としての教員への道を敷くことになる。すなわち、女性たちには、自分たちが卒業した中等教育の場に、男性と同等の訓練を受けた教員として携わるという目標ができたのである。

　ロンドン大学では、一八六八年に、九人の女性が入学を許可された。しかし、ケンブリッジ大学やオックスフォード大学では、女性が男性とは別にレクチャーを受けることしか認められなかった。それぞれの大学の近辺に、女性学寮が設立された。ケンブリッジには、一八六九年にエミリー・デイヴィス（Emily Davies, 1830–1921）たちがガートン・コレッジ（Girton College）を創設し、また一八七一年にはニューナム・コレッジ（Newnham College）が設立された。一方で、オックスフォードでも、一八七八年にレイディ・マーガレット・ホール（Lady Margaret Hall）が、翌年にはサマヴィル・ホール（Somerville Hall、現サマヴィル・コレッジ）が設立された。これらの学寮には収容しきれないほどの女性が入寮を希望したため、より広い場所に移ることになったり、また新たな学寮が設立されたりした。

しかし、彼女たちがこれらの大学から学位を授与されるのは、オックスフォード大学では一九二〇年を、ケンブリッジ大学（ガートン・コレッジ）では一九四八年まで待たなければならなかった。

中流階級の男女のための中等教育と高等教育が確立される一方で、都市で働く労働者階級の若者たちへの成人教育（adult education）の場が設けられていった。[5] イングランドにおける成人教育は、一八世紀後半に始まったとされており、当初は、非国教会の教徒たちが識字率を高めることが目的であった。それは、一七九八年に、イングランド中部の都市ノッティンガムにおいて、レースや編み物工場で働く若い女性たちに読み書きを教えることで始まったとされている。その後、労働者たちに読み書きや算数を教える教育の場が、設けられていった。

ロンドンでは、一八五四年に、より一般教養を身に着けることができるワーキングメンズ・コレッジ（Working Men's College）がキリスト教社会主義者たちにより設立された。一八三〇年代に始まったチャーティスト運動（Chartism）に触発された結果である。

さらに、中産階級の女性活動家たちが、働く女性たちのための学校を創設した。一八六三年に、ワーキングウィメンズ・コレッジ（Working Women's College）が、女性参政権運動にも携わった教師でユニテリアンのエリザベス・マルソン（Elizabeth Mallson, 1828–1916）により、ブルーズベリーに創設された。彼女は、ハリエット・マーティノーたちと、奴隷制反対運動に共鳴して、ザ・レイディーズ・ロンドン・エマンシペイション・ソサエティ（The Ladies' London Emancipation Society）の創設メンバーの一人でもあった。マルソンは、ワーキングメンズ・コレッジが共学にすることを拒否した後、ワーキングウィメンズ・コレッジを共学にした。この共学の学校は一九〇一年まで続いた。また、一八七四年には、フランシス・マーティン（Frances Martin, 1829–1922）によって、働く女性のためのフランシス・マーティン・コレッジが創設され、一九六六年まで存続した。

成人教育のもう一つの流れとして、労働者階級の若者たちに技術を教える専門学校が設立される。(6) 中世から続くギルド制度の替わりに、技術を教える学校の確立が必要となった。それは、教養を重視したワーキングメンズ・コレッジの設立目的とは異なり、高度な技術の習得を目指した。前述の美術学校、すなわちスクール・オブ・アートのように、テクニカル・インスティテュート（Technical Institute）やメカニックス・インスティテュート（Mechanics Institute）などの実践的な技術系の専門学校が設立された。これらは、アーツ・アンド・クラフツ運動の影響もあり、インダストリアル・アーツ（industrial arts）として、工芸品の製作や研究をする分野が新たに注目を浴びた結果である。それは、手工業だけでなく、工業技術、美術、およびデザインとの関連性が深く、さらに実際に様々な業界で働くために必要な知識と技術を習得する分野なのである。

ヨークシャー出身のクエーカーの医師、ジョージ・バークベック（George Birkbeck, 1776–1841）は、博愛主義者で成人教育の祖と言われている。彼は商人の息子として生まれ、エディンバラ大学で医学を学ぶ。グラスゴーのアンダーソニアン・インスティテュート（Andersonian Institute）で教えた後、ロンドンに出て医者になった。一八二一年には、イギリス初のメカニックス・インスティテュートであるエディンバラ・スクール・オブ・アーツ（Edinburgh School of Arts）が、創設されている。バークベックは、医者になるために移り住んだロンドンで、一八二三年に、ロンドン・メカニックス・インスティテュートを創設した。この学校は、日中働く労働者のための夜間学校であり、一八三〇年には女性にも入学を認めた。同校は、ロンドン大学に統合され、現在のバークベック・コレッジは、夜間授業を中心とする成人教育の伝統を守っている。

また、一八九一年には、ザ・ゴールドスミスズ・カンパニーズ・テクニカル・アンド・レクリエィティヴ・インスティテュート（The Goldsmith's Company's Technical and Recreative

Institute）が創設された。同校は、一二世紀から続いていた金細工師（goldsmith）、銀細工師（silversmith）、宝石細工人（jeweller）などのギルドがもとであるゴールドスミス会社が、創設した。同校は、技術系の教育機関であり、また成人教育の場として確立されていった。一九〇四年には、ロンドン大学に統合されて、ゴールドスミス・コレッジとなり、現在にいたるまで、美術、デザイン、音楽やメディアなどの専門教育で知られている。

女子高等教育への確立と同時に、労働者の若者を対象とした成人教育や技術教育の発展は、中流階級の女性たちがより専門的な教育を受けるきっかけとなった。そして、第7章で述べた美術学校などの専門学校が設立される過程において、園芸学がカリキュラムのなかに入れられるようになる。さらに、園芸だけを学ぶ学校が出現していった。女性に入学許可が下りるようになると、園芸学校が女性にとって重要な教育の場となり、ついに女性のための園芸学校が誕生した。労働者階級が従事した肉体労働が中心である園芸は、中流階級の女性たちにとって、新たな分野であった。屋敷の女主人が庭園の管理に従事してきた歴史的背景があるにもかかわらず、それを専門として勉強し技術を習得することは、新たなチャレンジであった。

一九世紀の教育改革により、女性は学ぶ場を広げ、深め、そして園芸という新たな分野にも取り組むようになったのだ。

11 園芸学校の誕生と発展

――スワンリー園芸学校と園芸教育

園芸は、成人教育の中で、美術やデザイン、また工芸とも異なり、女性に最も不適切だと思われていた分野である。園芸には、その労働が持つ特質と階級という二重の壁があったにもかかわらず、中流階級の女性たちは挑戦していった。その突破口は、専門学校としての園芸学校の開校と女性への門戸開放にあった。

一九世紀後半から二〇世紀にかけても、キューガーデンズや植物学の世界は、男性中心主義的傾向が強かった。キューガーデンズの第三代園長となったウィリアム・ターナー・

シセルトン゠ダイヤー（William Turner Thiselton-Dyer, 1843–1928）は、第二代園長のフッカーの娘と結婚して、植物学の世界の頂点に立った。そのシセルトン゠ダイヤーにキューガーデンズで面会したとされるのが、後に絵本作家として成功するビアトリクス・ポター（Beatrix Potter, 1866–1943）だった。(7) 今ではキューガーデンズのウェブサイトで、女性植物学者として最初に名前が挙げられているが、当時は、無名の若いポターはシセルトン・ダイヤーに相手にされなかった。ポターは、科学者として成功していた叔父のヘンリー・ロスコー（Henry Roscoe, 1833–1915）の紹介で、一八九六年、シセルトン゠ダイヤーに手紙を書いている。翌年には、ロンドン・リンネ協会に提出した論文も発表の機会があったにもかかわらず、その機会も失った。ポターは独学で菌類を研究して、論文を書き、また植物画を描いていたのである。論文も植物画も評価されなかったポターは、失意の青年期を送ることになった。

一方で、同時期、ポターはキューガーデンズに初めてに雇われた女性ガーデナーたちに関して、日記に記している。男性ガーデナーのようにニッカーボッカーに身を包んだ彼女たちは、「キューのファースト・レイディ・ガーデナーズ（“Kew's first lady gardeners”）」と呼ばれた。(8) イングランドで最も権威があり、男性中心の世界であったキューガーデンズで、プロの女性ガーデナーが誕生したのである。彼女たちは、スワンリー園芸学校の卒業生たちであった。

スワンリー園芸学校は、一八八九年にケント州の小さな村ヘックステイブル（Hextable）に創設された。一九世紀になると、ヘックステイブル村には裕福な中流階級の人々が住むようになった。この地域は気候が温暖なため、もともと農業が盛んであった。一八六四年に鉄道が通るようになると、ロンドンへの流通が確立され、さらに珍しい穀物を栽培する苗木業が興った。一八七〇年には、ヘックステイブル農園がつくられて、村は繁栄した。そ

“Kew’s first lady gardeners, 1898,” Kiri Ross Jones, “Beatrix Potter: Tales from Archives,” *The Royal Botanic Gardens, Kew* (https://www.kew.org/read-and-watch/beatrix-potter-tales-from-the-archives)

のような背景のもとで、農業や園芸学を科学的に研究して生産性を高めることを目的とした事業を、ヘックスティブル・ハウス（Hexable House）の領主で園芸家でもあったアーサー・ハーパー・ボンド（Arthur Haper Bond, 1853–1940）が興した。それが、この園芸学校のルーツなのである。[9]

植物学や品種改良が進み、園芸が利益を生むとわかると、園芸学を学ぶ専門学校が設立され始めた。園芸は、家庭で行うガーニングではなく、ガーデンデザイン、苗木栽培、品種改良、過酷な造園作業、生産物の販売、下働きのガーデナーたちの監督や指導、経営などを含むビジネスの一つとして確立されていった。

プロの園芸家を育成するために、男性のみに入学が許可されたスワンリー園芸学校には、開校時から入学許可を求めて女性たちが運動を起こした。その運動の先頭に立ったのが、女性参政権運動の活動家でもあり、ロンドンの住居や福祉改善に尽力したオクタヴィア・ヒル（Octavia Hill, 1838–1912）に賛同したエマ・コンズ（Emma Cons, 1838–1912）である。

その結果、一八九一年には、女性用の寄宿舎が準備されて、女性学生第一号が入学した。一八九六年までに、女性の学生数が上回り、一九〇二年には、入学者を女子のみにすることが決定した。そして、一九〇三年からは、女性のための園芸学校となった。

女性のための園芸学校となったスワンリー園芸学校の初代校長であるファニー・ウィルキンソン（Fanny Wilkinson, 1855–1951）は、現在では、イギリスで女性初のプロの景観デザイナー（landscape gardener）として、知られている。[10] 彼女は、一九世紀後半に、ロンドンで、七五以上の公園のデザインに携わった。そして、一九〇四年から一九一六年まで、スワンリー園芸学校校長の地位に就き、定年後に学校に危機が訪れると、一九二一年に復職して、一九二二年まで校長として務めた。

ウィルキンソンは、著名な医者の娘としてマンチェスターで生まれ、恵まれた環境のなかで育った中流階級の女性である。主に家庭教育を受け、さらに海外でも教育を受けたとされているが詳細は知られていない。その後、ロンドンのクリスタル・パラス・スクール・オブ・ランドスケイプ・ガーデニング・アンド・プラクティカル・ホーティカルチャー（Christal Palace School of Landscape Gardening and Practical Horticulture）に入学して、一八八三年には、一八か月のコースを修了した。同校は、一八五四年に創設され、男子学生を対象としていたため、ウィルキンソンは性差別に立ち向かった女性の一人だったのである。

ウィルキンソンの園芸活動は、常に社会改革とともにあった。学校を修了後、一八八四年に、ウィルキンソンはロンドンの公園保護のために創設されたメトロポリタン・パブリッ

ヴァックスホール公園　著者撮影（2024 年 2 月 24 日）

ク・ガーデンズ・アソシエーション（The Metropolitan Public Gardens Association）に、無報酬の名誉ガーデナーとして選ばれた。しかし、二年後には、プロのガーデナーとして雇われて、報酬を得るようになった。また、貧しい地域の公園化を推進したカール・ソサエティ（Kyrle Society）の趣旨に賛同して、ロンドンにヴァックスホール公園（Vauxhall Park）をつくった。カール・ソサエティは、オクタヴィア・ヒルの姉、ミランダ・ヒル（Miranda Hill, 1836–1910）により、一八七五年に創設された慈善団体である。

ウィルキンソンはガーデナーとしての自分自身の体験を、女性の園芸教育に生かした。そして、彼女は、女性の園芸家と農業家の地位向上を目指す国際的なユニオンを他の女性たちと創設することにも努めたのである。

スワンリー園芸学校の卒業生には、前述のキューガーデンズに初めて雇われた三人の女性ガーデナーだけでなく、マデリン・エイガー（Madeline Agar, 1874–1967）、ブレンダ・

コルヴィン（Brenda Colvin, 1897–1981）、シルヴィア・クロウ（Sylvia Crowe, 1901–1997）、フランシス・マイケルスウェイト（Frances Micklethwait, 1867–1950）などがいる。

エイガーは、教職に就いた後、ウィルキンソンが辞した時に、女性で二人目としてメトロポリタン・パブリック・ガーデンズ・アソシエーションのガーデナーの地位に就いた。コルヴィンは、多くの個人宅のガーデンデザインに従事した後、建築家のハル・モグリッジ（Hal Moggridge）とビジネスパートナーとなる。クロウは、卒業した後に経験を積み、戦後はインスティテュート・オブ・ランドスケープ・アーキテクツ（The Institute of Landscape Architects）の会長にまでなり、新しい街づくりにリーダーシップを発揮した。三〇歳で入学したマイケルスウェイトは、卒業すると、一八九八年、サウスケンジントンのザ・ロイヤル・コレッジ・オブ・サイエンスに入学して、化学者となった。そして、一九二一年にスワンリー園芸学校に戻り、一九二二年には校長となった。

スワンリー園芸学校は、一九世紀後半から二〇世紀にかけて、特に都市の景観デザインに携わった女性ガーデナーを輩出してきた。しかし、学校自体は、他の園芸学校と同様、学生数の減少など様々な困難に立ち向かうことになる。第二次世界大戦後、一九四五年には、サウス・イースタン・アグリカルチュラル・コレッジ（South Eastern Agricultural College）

に統合され、一九四七年には、ワイ・コレッジ（Wye College）に統合された。さらに、二〇〇〇年には、前述のザ・ロイヤル・コレッジ・オブ・サイエンスを統合したインペリアル・コレッジ・ロンドン（Imperial College London）の一部となった。しかし、このインペリアル・コレッジ・ワイ校は二〇〇九年に閉校した。

園芸学校は無くなったが、スワンリー園芸学校の校舎の一部は、現在でもヘックステイブル・ヘリテージ・センターとして保存され、庭園は公園化されて、一般の人々の憩いの場となっている。(11)

12

中流階級女性のフィニッシングスクールとしての園芸学校

――スタッドリー女子園芸農業学校

貴族の女性が創設した園芸学校が、スタッドリー女子園芸農業学校（Studley Horticultural and Agricultural College for Women、以下スタッドリー・コレッジ）で、創設年の一八八一年から閉校年の一九六九年まで、一貫して女性のための教育機関だった。[12] 創始者は、ウォーリック伯爵夫人フランシス・〝デイジー〟・イーヴリン・グレヴィル（Frances "Daisy" Evelyn Greville, Countess of Warwick, 1861–1938）である。[13] 彼女は、王室とも代々関係がある貴族の家に生まれ、裕福であるが複雑な家庭に育った。一八八一年、後に第五代ウォーリック伯爵となるフランシス・グレヴィルと結婚する。彼女は社交界の中心となり、結婚後も、当

時の皇太子（後のエドワード七世）の愛人であり、恋多き女性であった

一八九〇年代に、ウォーリック伯爵夫人は社会主義に傾倒していくと、教育、女性問題、貧困や住居環境など様々な社会問題の解決に乗り出し、私財を投じていった。そのなかの一つが、女性のための園芸および農業学校創設だった。当時、中流階級の女性たちは、まだ自分たちの能力を生かした専門職に就くことができなかった。ウォーリック伯爵夫人は、これらの女性たちが農業に関連した職業に就いて自立する道を築こうとした。しかし、授業料は高く、裕福な中流階級の女性しか入学することはできなかった。それらの女性たちにとっては、結婚前に身を置くフィニッシングスクールでもあったのだ。

一八九八年、ウォーリック伯爵夫人は、若い女性たちが農業と園芸を学ぶために滞在する寄宿舎レイディ・ウォーリック・ホステル（Lady Warwick Hostel）を、レディングの屋敷コーリーハースト（Coleyhurst）を借りて創設した。この時の目的は、女性たちが園芸だけでなく、軽い農作などの仕事を習得することであった。同年の秋から、彼女たちは、レッドブリックス大学の一校であるユニヴァーシティ・コレッジ・レディング（University College, Reading、後のUniversity of Reading）で理論を学び、それをホステルの土地で実践に移し始めた。学習内容は、酪農、園芸学、市場向けの菜園経営、養鶏、養蜂、果実栽培、作物の

市場販売などであった。しかし、最初の六年間で、二二五名もの女子学生が入寮したため、一八九九年には二軒の寄宿舎を開いた。

ユニヴァーシティ・コレッジ・レディングとの連携が困難になると、独自に授業を行うようになる。独立した農業学校を設立するために、ウォーリック伯爵夫人は寄付を募ったが、最終的に、ウォーリックシャーのスタッドリー城（Studley Castle）を購入した。その地に、一九〇三年、レイディ・ウォーリック・コレッジが設立された。その後、ウォーリック伯爵夫人が実権を失うと、校名がスタッドリー・コレッジと改名された。同校は農業省から補助金を得て、行政指導のもとで再編されていき、一九二六年には農業林業省に認められる組織となった。設備の充実だけでなく、短期のコースから三年間のコースまでが設置され、さらに農場経営に必要なタイプや簿記などを教える一年のコースなども設置した。

スタッドリー・コレッジで学んだ女性たちは、植物学や園芸学だけでなく、それぞれが独自の道を歩んだ。そのなかには、参政権活動家のアデラ・パンクハースト（Adela Pankhurst, 1885–1961）がいた。マンチェスターに生まれ、父親は社会主義者で、母親エメリン、姉のクリスタルとシルヴィアは女性参政権運動の著名な活動家である。オーストラリアへ移住した後も、アデラは女性平和軍（Women's Peace Army）の活動を行った。

また、イソベル・ワイリー・ハッチソン（Isobel Wylie Hutchison, 1889–1982）は、北極大陸探検を達成した女性として知られている。(14) しかしそこに辿り着くまで、いばらの道が待ち受けていた。スコットランドの裕福な家庭に育った彼女は、家庭でガヴァネスから教育を受けけた。そして、一九一七年から一九一八年の間、スタッドリー・コレッジでは、ビジネスの勉強をして、一九一九年にはキングス・コレッジ・ロンドンに入学した。しかし、翌年、精神疾患を患い、詩や小説の創作に没頭した。彼女を変えたのは、海外に旅行に出て、新たな自分を発見したことだった。その後も、彼女は、広く旅行をして、旅行中に撮ったフィルムや写真、また描いた絵画を用いて、講演会を開いたり、地理学の著作も残したりした。また、彼女が取集した植物の多くは、キューガーデンズ、ロイヤル・ボタニック・エディンバラおよび大英博物館に、所蔵されている。

さらに、神秘家として名を遺したダイアン・フォーチュン（Dion Fortune, 1890–1946）は、一九一一年から一九一三年まで、スタッドリー・コレッジで学んだ。卒業後に、同校に職員として就職したが、校長と折り合いが悪くなり退職した。この時に精神的衰弱に陥ったために、心理学に興味を持ち始めて、神秘小説も発表した。(15)

最も稀な例として、日本人女性半田たき（Taki Handa, 1871–1956）が、一九〇六年から一九〇八年までスタッドリー・コレッジに留学したことである。久留米で生まれ、福岡で教育を受けた半田は、京都の同志社女学校で教師をしていた。そこで、アメリカ人女性教員から海外留学を勧められた。スタッドリー・コレッジでの勉強の成果は、スコットランドのクラックマナンシャーにあるカウデン城（Cowden Castle）の庭園のデザインを行ったことに見られる。(16)

多才な卒業生を輩出したスタッドリー・コレッジは、政府が園芸及び農業関連の教育機関を減らすために、一九六九年には政府の助成金が打ち切られ、閉校することになった。

スタッドリー・コレッジは閉校したが、そのアーカイブはレディング大学付属のザ・ミュージアム・オブ・イングリッシュ・ルーラル・ライフ（The Museum of English Rural Life, University of Reading）に所蔵され、校舎であったスタッドリー城は、会議などを開催する場を提供している。

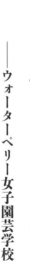

13

女子園芸学校の確立と女性ガーデナーの誕生

――ウォーターペリー女子園芸学校

ウォーターペリー女子園芸学校　学校紹介のパンフレットより
Waterperry Gardens 所蔵 Waterperry Archives

スワンリー園芸学校やスタッドリー・コレッジに遅れて、一九三二年に、ウォーターペリー・スクール・オブ・ホーティカルチャー・フォア・ウィメン（Waterperry School of Horticulture for Women）が女性のための園芸学校として開校した。創始者は、園芸家ビアトリクス・ハヴァガル（Beatrix Havergal, 1901–1980）とエイヴィス・サンダース（Avice Sanders, 1896–1970）の二人の女性である。ハヴァガルは、園芸学校で学び、自分が理想とする園芸学校を立ち上げた人物である。

　一九〇〇年から一九四〇年の間に、イングランドでは、中流階級の女性をガーデナーに訓練するために創設された私塾の園芸学校が、約一九校もあった。チェシャーのチェスター近くにできたアルダーセイ・ホール（Aldersey Hall）やバークシャーのニューベリー近くに設立されたサッチャム・フルート・アンド・フラワー・ファーム（Thatcham Fruit and Flower Farm）などである。

サッチャム・フルート・アンド・フラワー・ファーム
Waterperry Gardens 所蔵 Waterperry Archives

　一九〇六年に、エリザベス・ヒューズ＝ジョンズ（Elizabeth Hughes-Jones）により、女性のための園芸学校として創設されたのがサッチャム・フルート・アンド・フラワー・ファーム（別名ヘンウィック・フルート・アンド・フラワー・ファーム・スクール）である。ヒューズは、自分の屋敷を寄宿舎にして、そしてその領地を園芸の実践ができるように耕地とした。ドレス姿の女性たちが、畑を耕したり、収穫したりしている同時の写真が、彼女たちが熱心に取り組んだ様子を物語っている。

そのサッチャム・フルート・アンド・フラワー・ガーデンで学んだのが、ハヴァガルである。ハヴァガルの人生は、彼女が生きた時代に多くの女性たちが直面した問題を語るものである。二〇世紀に入り、女性の高等教育への道が開かれてきていた変遷期においても、女性が自分の道を切り開くことは困難だった。そこには、ジェンダーの問題とセクシュアリティの問題が存在していた。ハヴァガルはその両方にチャレンジしたと言える。彼女は、プロの園芸家として自立して、人生のパートナーとなる女性と出会い、彼女とともに園芸学校を創設して、運営した。

ハヴァガルはサウスノーフォーク（South Norfolk）のロイドン・マナーハウス（Roydon Manor House）で生まれた。[17] 父親が英国国教会の聖職者だったため、赴任地を転々として、イギリス大使館付チャプレンとしてパリにも赴任した。最終的にサウスノーフォークに落ち着き、ハヴァガルは姉とともに、寄宿制の学校に入った。しかし、一九一四年に両親が離婚すると、母親と暮らすためにベッドフォードに引っ越して、ベッドフォード・ハイスクールに入学した。

一九一六年にハイスクールを卒業すると、ハヴァガルは園芸の仕事を始めることになる。

当時は第一次世界大戦中で、後に第21章で述べるように、戦争で人手が足りなくなった農作業に女性を従事させるために、各地でウィメンズ・ウォー・アグリカルチュラル・コミティ（Women's War Agricultural Committee）による女性への農業指導が行われていたのだ。そして、父親からの経済援助が得られると、音楽一家で彼女自身も音楽の才能があったが、ハヴァガルは園芸学校への進学を決めた。彼女は、サッチャム・フルート・アンド・フラワー・ファームで三年間学び、一九二〇年に卒業して優秀な成績でRHS修了証明書を取得した。

"Sunday Best"　ビアトリクス・ハヴァガル（真ん中）とエイビス・サンダース（右から二人目）
Waterperry Gardens 所蔵 Waterperry Archives

ハヴァガルはプロのガーデナーとして個人宅で仕事をすることになる。そこで、彼女の仕事ぶりが寄宿学校ダウン・ハウス（Downe House）の校長の目に留まり、同校のヘッドガーデナーとなる。そして、その学校でハウスキーパーとして働いていたサンダースと運命的な出会いをした。

ハヴァガルとサンダースは、自分たちの園芸学校を創設するという共通の夢の実現に乗り出す。

ダウン・ハウスの校長の助けもあり、二人はオックスフォードシャーのファリンドン(Faringdon)近くのピュージー(Pusey)で、家と土地を借りて、最初の生徒を受け入れた。学校運営を軌道に乗せるために、二人は生徒たちとともに穀物を栽培して市場で販売した。彼らの理論と実践に基づく教育は高い評価を得た。ハヴァガル自身も勉強を続けて、一九二三年に、RHSナショナル・ディプロマを取得した。

二人が始めた小さな私塾は、より多くの生徒を受け入れられるように、同じオックスフォードシャーのホィットレー(Wheatley)近くのウォーターペリー村に移る。そこには、オックスフォード大学のモードリン・コレッジ(Magdalen College)が所有していた屋敷ウォーターペリー・ハウスとその領地があり、それを借りることになった。その屋敷を寄宿舎として、一五人から二〇人ほどの女性を、全英だけでなく海外からも受け入れた。ウォーターペリー女子園芸学校は、園芸のエリート校となっていく。

ウォーターペリー女子園芸学校では、園芸の総合的教育を実現化していき、実際に生産物を市場に出しては、研究を重ねていった。オックスフォードの町の中心部にあるカヴァードマーケットにも、野菜や果物を売りに出していた。ハヴァガル自身も、園芸家としての技術の向上に常に努め、その最も顕著な成果が、チェルシー・フラワーショーに出品して、一五回もゴールドメダルを受賞したイチゴ「ロイヤルソブリン（royal sovereign）」である。

第二次世界大戦後には、政府に認可されて、生徒たちに奨学金が支給されるようになった。さらに、ウォーターペリー女子園芸学校の修了証明書は高く評価されて、キューガーデンズのディプロマと同等であると認められるようになる。ウォーターペリー女子園芸学校は、国内外に広く知られるようになった。

戦後には留学生も受け入れていた。一九六三年から一九六四年頃に在籍していたマレーシアからの留学生、ウォング・チャイ・チング（Wong Chai Ching）の写真が残っている。白人女性のなかで、アジア系の若い女性が共同生活を送っている様子がうかがえる。帰国した後に、シンガポールのガーデンで働いたと伝えられているが、その後の詳しい消息はわかっていない。

また、ハヴァガルとサンダースは、園芸学校の活動を広く一般の人々にも公開した。ハヴァガルは著作を残さなかったが、写真や映像に活動内容を多く残している。さらに、一九四〇年代には、ウォーターペリーの土地が売りに出されるという危機に陥ったが、最終的にハヴァガルとサンダースは借りていた屋敷と土地をモードリン・コレッジから買い取った。

ハヴァガルとサンダース二人の夢の実現であるウォーターペリー女子園芸学校は、彼女たち二人の人生が終わった時に、終わりを迎えた。

一九七〇年にサンダースが亡くなると、ハヴァガルはウォーターペリーを売ってしまった。彼女たちは、共同経営者であっただけでなく、人生のパートナーであったのだ。そして、サンダースが亡くなって一〇年後、ハヴァガルは亡くなる。二人は、敷地内にあるセント・メアリー教会（The Parish Church of St. Mary the Virgin）の墓地に埋葬され、教会には二人の銘板が残されている。

Waterperry Gardens
著者撮影（2024 年 8 月 22 日）

セント・メアリー教会ウォーターペリー
著者撮影（2024 年 2 月 22 日）

ウォーターペリー女子園芸学校は、独立した女性の社会構築を目指した軌跡であると同時に、創設者二人のレズビアンカップルとしての生き方も語っているのである。現在も、学校の校舎や敷地は、ウォーターペリー・ガーデンズとして一般公開されている。

一九世紀の女性園芸学校の創設と発展は、女性がガーデンデザイナー、園芸家、景観ガーデナーなどの専門職に就くことを可能としただけでなく、さらに園芸学を専門的に研究して、それを教育の場でも生かすことも可能とした。一九世紀に始まった女子園芸学校の波は、二〇世紀になると下火になり、一九七〇年までには、大学教育の新たな改革のなかで、閉校されていった。しかし、彼女たちが残した文化遺産と精神性は、次の世代に受け継がれるのである。

14

園芸資格と新たな継続教育における園芸教育

——ケイペル・マナー・コレッジを中心に

二〇世紀後半から二一世紀にかけて、新たな継続教育（further education）の場が必要となってきた。現代の継続教育とは、学校の退学者、失業者、転職を目指す在職者などに、職業訓練をする教育のことである。その専門分野のなかに、農業や園芸が含まれており、ガーデンデザイナーや園芸家になるという可能性を模索する人々にとって、重要な教育の場となっていった。

このように園芸を専門に学び、その理論と技術を職業に生かすうえで、それを国内外で証明する資格が必要不可欠となる。そのなかで、現在、最も確立して広く認められているのが、ＲＨＳ修了証明書（The RHS Certificate in Practical Horticulture）である。[18] この証明書は、イギリスとアイルランドにある九〇以上の園芸の専門教育を行う学校で取得できるようになっている。現在にいたるまで、園芸学とガーデニングの資格として、広く認められている。レベルは三段階に分かれており、特に、RHSレベル二と三は専門性が高く、将来園芸の専門家として仕事をするうえで必要である。この証明書の取得を目指す学生は、ほとんどがパートタイムで、現在ではオンライン授業も行われている。この事実は、特に継続教育において園芸学の資格取得の需要が非常に高いことを示している。

このRHS修了証明書よりも、さらに世界最高のプロの資格として、通称キュー・ディプロマ（Kew Diploma in Horticulture）がある。これは、キューガーデンズにおいて、毎年一二人のみが選考されて、三年間、働いて給料をもらいながら、園芸について学ぶプログラムである。申請には二年以上の園芸の勉強か経験を要し、面接も行われ、海外からの応募者もいる。キューガーデンズには、そのほかに樹木栽培専門資格（Kew Specialist Certificate in Arboriculture）とナーサリー温室、キッチンガーデン、観賞植物増殖の専門資格（Kew Specialist Certificate in Nursery Glasshouses, Kitchen Garden Production, Ornamental Horticulture Progagation）がある。キューガーデンズにおける園芸学位と資格取得は、最も権威がある。

RHS修了証明書が取得できる継続教育における園芸教育の最も顕著な例が、ブリスベリ・コレッジ（Brinsbury College）とケイペル・マナー・コレッジ（Capel Manor College）である。

ブリスベリ・コレッジは、約五七〇エーカーもの広大な敷地を所有し、そこで農場を運営している。[19] もともと、ウェストサセックス州の農業教育センターとして創設された。第二次世界大戦中は、後に第21章から第25章で述べるウィメンズ・ランド・アーミー（Women's Land Army）に志願した女性たちが農業に従事した場所でもある。このセンターは、ザ・ウェストサセックス農業学校（The West Sussex School of Agriculture）として開学した。一九九八年には、ブリンズベリ・コレッジとなり、二〇〇二年にチチェスター・コレッジ（Chichester College）に統合されて、現在は、チチェスター・コレッジ・グループに属している。チチェスター・コレッジは、ウェストサセックス州にある継続教育の専門学校で、一九六四年に開学し、商業、技術、科学など多種分野の教育を行っている。

ブリスベリ・コレッジには、酪農、園芸、馬に関する専門のコースがあり、各々の専門分野で実践的な教育が行われている。森林を含む敷地内には、商業用の農場、動物育成施設、厩舎などが併設されている。園芸と造園法のコースもレベル分けされており、さらにフルタイム、パートタイム、ショートコースなど履修スタイルを選べるようになっている。

一方で、ロンドンを中心に五つのキャンパスを持つケイペル・マナー・コレッジは、小さな園芸学校から発展して、多様なコースを提供する継続教育の場となった。[20] その名前に残されているように、キャンパスの一つ、アンフィールド（Enfield）の敷地は、一二世紀には荘園があったところである。一九三二年に、ケイペル・マナーの所有者であった紅茶商として成功したワレン家が、シドニー・メドルフ大佐（Colonel Sydney Medcalf）に売却した。ワレンは三〇エーカーの庭園をつくっていたが、メドルフは、第二次世界大戦をきっかけに、食料生産のための農場とクライズデールの飼育場をつくった。

一九五八年にメドルフが亡くなった後、農場は存続の危機に陥ったが、一九六八年に園芸学校ケイペル・マナー・センター・フォー・ホーティカルチュラル・エデュケーション（Capel Manor Centre for Horticultural Education）が開学して、一五名の学生が入学した。一九七四年には、農業と林業のコースも設置され、さらにＲＨＳ修了証明書も出るようになった。一九八一年には、ヴィクトリア時代の温室が改修され、さらに食料生産の自給自足が増加した。園芸とガーデニングにおいては、一八の短期コースが準備されてより広く受講生を募る一方で、チェルシー・フラワーショーに出品して教育成果を披露した。ガーデンデザインの学位や実習見習い制度（Apprenticeships）も導入した。

これらの改革により、ケイペル・マナー・コレッジの知名度は高くなり、同校は六五のコースのもとで約三〇〇〇人以上の学生が学ぶ場となった。

二一世紀には、これら継続教育の場で園芸を学び、プロの園芸家となっていくことが、一つの道として開かれていったのである。

注

(1)イギリスの教育変遷に関しては、Roach、Stephensを参照。

(2)一九世紀の社会改革に関しては、Barnet、Humphreys、Picht、Woodsを参照。

(3)一九世紀の女性教育に関しては、Bryant、Purvis、Spenderを参照。

(4)ロンドンの大学に関しては、Porter、オックスフォード大学に関しては、Brockliss、オックスフォードと女性に関しては、Dandy、Rogersを参照。

(5)イギリスにおける成人教育に関しては、Fieldhouseを参照。

(6)イギリスにおける美術とデザイン教育に関しては、Romans、Walkerを参照。

(7)ビアトリクス・ポターに関しては、Lear、Norman、臼井『ビアトリクス・ポターの謎を解く』を参照。

(8)キューガーデンズにガーデナーとして就職した女性たちの写真は様々なところに掲載されているが、そのうちの二人は、アニー・カルヴィン(Annie Gulvin)とアリス・ハッチンズ(Alice Hutchins)であり、彼女たちは男性と同じ賃金を得ていた。

(9)スワンリー園芸学校に関しては、Davison, Hextable Heritage Societty, "The Remarkable Women of Swanley Horticultural College: Seven Short Histories" (https://www.hextable-heritage.co.uk)を参照。

(10)ファニー・ウィルキンソンに関しては、*Oxford Dictionary of National Biography*を参照。

(11)スワンリーの跡地に関しては、ヘックステイブル・ヘリテージ・センターのウェブサイト(https://www.hextable-heritage.co.uk)を参照。

(12)スタッドリー園芸農業学校に関しては、Davison、レディング大学ザ・ミュージアム・オブ・イングリッシュ・ルーラル・ライフにスタッドリー・コレッジ・アーカイブ（Studley College Archive）がある。また、スタッドリー・コレッジ・トラストのウェブページ（https://www.studleytrust.co.uk）を参照。

（13）ウォーリック伯爵夫人に関しては、Anand を参照。

（14）ハチソンは、キューガーデンズでは、北極圏植物学者として記されている。ハチソンに関しては、Hoyle を参照。

（15）フォーチュンに関しては、Alan Richardson を参照。

（16）半田に関しては、Sir Hugh Cortazzi, ed, *Britain and Japan: Biographical Portraits*, Vol. VIII, 2013, Chapter 26, pp. 332–50 を参照。

（17）ハヴァガルに関しては、Horwood、Maddy、*Oxford Dictionary of National Biography*、Taylor and Bell を参照。

（18）ＲＨＳのウェブサイト（https://www.rhs.org.uk）を参照。

（19）ブリスベリ・コレッジに関しては、ウェブサイト（https://www.brinsbury.ac.uk）を参照。

（20）ケイペル・マナー・コレッジに関しては、ウェブサイト（https://www.capel.ac.uk）を参照。

IV

一九世紀後半から二〇世紀中葉における女性とガーデン

15

住居改革と環境改革

──オクタヴィア・ヒルとヘンリエッタ・バーネット

一九世紀には園芸が専門として発展する一方で、アマチュアの園芸家たちが多く世に出た。また、ガーデンデザインへの関心が高まった。労働者たちの間で、小さな住宅に庭をつくることが流行する。また都市環境を整える運動が興り、一般市民が集うことができる公園が次々とつくられて、第11章でも述べたように、景観建築家（landscape architect）の活躍が目立ってくる。それは、一九世紀に始まる社会改革運動において、住宅改革や市民のための環境の整備が行われていったことと関係が深い。この運動は、二〇世紀初頭まで続いた。

産業革命により、ロンドンや他の産業都市では、労働者たちが、不衛生な住居に住み、不健全な生活を送っていた。田園地帯においても、中流階級の人々が屋敷や別荘を建てるなどして環境が変わるが、酪農などに従事する人々は貧困と常に隣り合わせであった。

そこに、チャーティスト運動家や、英国国教会だけでなく、クエーカーやユニテリアンの博愛主義者たちが、労働問題、教育問題、住居問題などに関して社会改革に乗り出した。そのなかで、ロンドンの住宅問題と環境問題に取り組んだ二人の女性がいた。一人は第11章で言及したオクタヴィア・ヒルで、もう一人はヘンリエッタ・バーネット（Henrietta Barnett, 1851–1936）である。

ヒルはナショナルトラスト（The National Trust）の設立者の一人として最もよく知られているが、それ以上に、彼女はロンドンのスラム化した労働者たちが住む住居の改善に取り組んだ改革者である。[1] さらに、彼女は、労働者たちが無料で余暇を楽しみ、心身ともに健全な生活を送ることができるように、オープンスペース運動とロンドン近郊の自然を保護する緑化運動に邁進した。

ヒルは社会改革者の一族に育ち、生涯独身を貫いて、自らも社会改革者として生きた。祖父は医者で、公衆衛生を広め、サナトリウム設立に貢献した。[2] その父親の精神を受け継いだヒルの母親キャロライン・ヒル（Caroline Hill）は、教育改革者となる。キャロラインは、ガヴァネスとして教えながら、一八三〇年代に『マンスリー・レポジトリー（*Monthly Repository*）』に教育論の論文を発表した。キャロラインは、イギリス女性として初めてスイスの教育者ヨハン・ハインリヒ・ペスタロッチ（Johann Heinrich Pestalozzi, 1746–1827）が推進した、自由な子供の発達に重きを置く教育論を取り入れた。キャロラインは、貧しい子供たちのために、ペスタロッチ教育法を取り入れた学校を創設した。その学校は、夜になると、労働者や働く若者たちの学びとレクリエーションの場を提供した。

オクタヴィア・ヒルは一四歳で、ロンドンで母親キャロラインが始めたウィメンズ・ギルド（Women's Guild）で働き始め、このギルドで当時の博愛主義者である著名人たちと出会う。それらは、英国国教会の司祭で歴史家であり小説家でもあったチャールズ・キングズリー（Charles Kingsley, 1819–1876）、弁護士で政治家、作家でもあったトマス・ヒューズ（Thomas Hughes, 1822–1896）、美術評論家として名声を得ていたジョン・ラスキンたちだった。そこには、ヒルが最も深く信奉していた、牧師でチャーティスト運動家のフレデリック・デニソン・モーリスもいた。モーリスが大学を辞職して、キャロラインもギルドを去った後でも、ヒルはロンドンで秘書や教員の仕事をしたり、ラスキンに模写の仕事を提供してもらったりして、自立していった。そして、ヒルは、新たな世代の改革者となっていった。

ヒルが取り組んだことは、ロンドンに住む労働者に衛生管理が行き届いた住居を供給することだった。それは、ラスキンのような資産家に投資を頼み、家賃収入の一部を還元するというプロジェクトであった。また、ソーシャルワーカーによる居住者のケアなども、活動の一つであった。ヒルは、約三〇〇〇人もの労働者に住居を提供した。

ヒルは、ロンドン郊外の緑地や森林地域を開発者から保護して救済し、それを市民のためのオープンスペースとする運動を行った。ヒルが推進したこの運動は、汚染したロンドンから簡単に移動ができて自然を満喫できるハムステッドにおいて行われた。(3) ロンドン市がハムステッド・ヒースを購入して、一八七一年に、公園として一般に公開した。(4)

一九世紀に始まったハムステッド・ヒースを保護して一般市民に公開するという運動は、二〇世紀になると、新たな郊外住宅地区の設立運動へと継承された。その住居構想であるガーデン・サバーブ（Garden Suburb）の理念を実現化したのが、バーネット夫妻である。(5)

ハムステッド・ガーデン・サバーブ（Hampstead Garden Suburb）は、ヘンリエッタと彼女の夫サミュエル・バーネット（Samuel Barnett, 1844–1913）により構想が練られた。彼らは、セツルメント（settlement）事業の推進者だった。ロンドンの貧困地域イーストエンドで、一八八四年、セツルメント・ハウスであるトインビー・ホール（Toynbee Hall）を設立した。(6) そこでは、中流階級の若者や大学生たちが定住して、労働者や貧困者への援助を行い、社会活動への参加や自立の手助けを行った。

ヘンリエッタは、一九〇六年に、ハムステッド田園郊外信託会社（The Hampstead Garden Suburb Trust）を設立した。(7) この信託会社の目的は、開発者から自然環境を守り、そのうえで、ヒースの周囲に住宅を建設していくことであった。それは、ヒースや森の豊かな資源を保護する一方で、ロンドン市民のための住宅開発を行うことであった。階級や所得の差を超えて、人々が、個人の庭を持ち、公園やヒースを共有スペースとして楽しむことを目指した。そして、ハムステッドにおいて、庭付き一戸建て、二軒屋、テラスハウス、フラットなど、様々な住宅が建築された。

この計画は、景観建築家として著名なレイモンド・アンウィン（Raymond Unwin, 1863–1940）とリチャード・バリー・パーカー（Richard Barry Parker, 1867–1947）たちが取り掛かり、約一万六〇〇〇人のために、五〇〇〇以上の住居を含む壮大なプロジェクトを立てた。彼らは、トインビー・ホールの名前の由来となった経済学者アーノルド・トインビー（Arnold Toynbee, 1852–1883）、ラスキン、そしてアーツ・アンド・クラフツ運動のウィリアム・モリスたちの思想に影響を受け、建築と都市計画において彼らの思想を実践に移した。

ハムステッドは、ハムステッド・ヒースが守られるなかで、住宅需要が高まり、第一次世界大戦後には新たな開発が始まった。ヘンリエッタたちの指針を継ぐように、個人の家やフラットには、小さな庭がつくられていき、周囲には公園が整備されていった。

住居改革は、庭や公園地帯という緑化運動とともにあり、現代の住居環境の基礎となった。

16

ガーデン・シティ・ムーブメントから ブリティン・イン・ブルームへ

ヘンリエッタが夫とともに進めたガーデン・サバーブを確立させる運動は、二〇世紀初頭に広まった田園都市論、ガーデン・シティ・ムーブメント（Garden City Movement）の一つである。[8] 社会改革家で都市計画家のエベネザー・ハワード（Ebenezer Howard, 1850–1928）が提示した都市計画論は、イギリス国内だけでなく、世界中に波及した。彼の都市計画は、現代のニュータウン計画やベッドタウン計画にも影響を与えている。

一八九八年に出版されたハワードの『明日――現実的改革への平和な道（*To-Morrow: A Peaceful Path to Real Reform*）』（一九〇二年の改訂版『明日の田園都市（*Garden City of To-Morrow*）』）は、現代においても都市計画論のバイブルである。ハワードは、ヒルやヘンリエッタと同様、都市化したロンドンに増加したスラムの劣悪な環境と貧困に対峙し、新たな居住スペースの構築を目指した。それは、職場や公共施設などの都市の機能と、公園や森に囲まれた田園の環境が共生した、新たな郊外型の都市を建設することだった。

この田園都市を、ハワードはイングランドの、レッチワース（Letchworth）とウェリン（Welwyn）の二つの町に建設した。特に、一九〇三年に、非営利会社である第一田園都市会社（First Garden City Ltd.）を創設して、レッチワースを対象に事業化を始めた。このレッチワース・ガーデン・シティは成功例として、イギリス政府にも影響を与えた。

同会社は、ロンドン北に位置するハートフォードシャー（Hertfordshire）のレッチワース近郊の農地を購入して、田園都市をつくる計画を立てた。設計者には、ハムステッド・ガーデン・サバーブの計画にも従事した、アンウィンとパーカーが含まれていた。農業が中心であった地域に、他の労働の場となる工場、商業施設や娯楽施設が計画的に建てられた。また、緑地化を重視しており、各住宅には庭が備わっている。しかも、農地も農業育成の土地として保護されており、住宅地が拡大することを防いでいる。様々な条例ができて、バランスが取れた田園都市が設立されたのだった。

ガーデン・シティ・ムーブメントやガーデン・サバーブの運動家や建築家たちと同じ世

代に活躍したガーデナーのなかには、ウィリアム・ロビンソンやガートルード・ジーキルがいた。彼らは、より自然な庭園を提唱した。特に、ロビンソンが一八八三年に発表した『ジ・イングリッシュ・フラワー・ガーデン（*The English Flower Garden*）』は、人工的で装飾に満ちた整形庭園や風景庭園の在り方を否定して、自然を尊重して、自生する植物を生かしたコテージガーデンを推奨した。それは自然環境を保護することと、自然と人間との共生を目指したことでもあった。また、一九世紀の産業化された都市空間に対して、田園地帯における住居とそれに伴う庭を理想とした。

ロビンソンが小規模で自然なコテージガーデンを推奨した頃、労働者階級の人々の間でガーデニングが流行して、コテージガーデン・プランツと呼ばれた植物が人気となる。一度は上流階級の人々にも好まれたコテージガーデン用の植物は人気が落ちると、工場労働者など新たな労働者階級の人々に好まれるようになった(9)。チューリップなどの高価だった植物は価格が下がり、労働者階級の人々にも入手が可能となった。ミッドランズ、ランカシャー、ヨークシャー、そしてスコットランドの繊維業や重工業が興った工業都市や炭鉱町に住居を構えた労働者たちは、手軽に入手できる花々を自分たちの家の庭に植えた。そして、サクラソウ、パンジー、ナデシコ、カーネーション、オーリキュラなどの品種改良を競い合い、パブで品評会を開いたりした。各地にフローリスト・クラブ（florist club）が設立され、クラブが雑誌を刊行すると、栽培方法の情報交換を行った。

一八六〇年代になる頃には、フローリスト・クラブの人気は落ちていった。それまでの労働者たちは郊外に移り住み出して、中流階級の仲間入りをするようになっていた。コテージガーデン・プランツと呼ばれた草花は、労働者階級の人々のみの草花ではなくなった。ガーデン・サバーブやガーデン・シティ・ムーブメントがもたらした功績は、どんなに小さくても個人が庭を持つというものだった。容易に入手できる身近な草花を植えるという家庭におけるガーデニングの基本ができたのである。長い間、特権階級のためだけに存在した庭園は一般市民の個人の庭となったのだ。

個人の庭からコミュニティの緑化への環境推進運動は、二〇世紀後半から盛んとなる。一九六三年に始まったとされるブリテイン・イン・ブルーム（Britain in Bloom）は、村、町、そして都市というコミュニティにおける園芸と環境活動として始まった。[10] 二〇〇二年よりRHSが主宰となり、二〇二四年までの六〇年で、イギリス中からだけではなく、世界中からのエントリーも受け入れて、国際的な催しとなった。個人の庭からコミュニティが誇る園芸の集大成が生まれることに、意義が見出されたのである。

17

世界の植物収集と女性の園芸家

――エレン・ウィルモットの世界観

一九世紀後半から二〇世紀にかけて、園芸種、特にバラの品種名に、「ウィルモット」あるいは「エレンウィルモット」の名前が付けられるようになった。現在においても人気のバラである。生前、品種名の由来となったウィルモットは、イギリス国内だけでなく、ヨーロッパ中で広く知られていた園芸家であった。創意工夫を凝らした彼女の庭園は有名となり、ヴィクトリア女王の孫娘ヴィクトリア王女、エドワード七世の妃アレクサンドラ女王、そして当時の王であったジョージ五世の妃メアリー王妃たちも彼女の庭を訪問した。

園芸家としての功績が認められて、エレン・アン・ウィルモット（Ellen Ann Willmott, 1858–1934）は、ガートルード・ジーキルとともに、一八九七年にＲＨＳが創設した第一回のヴィクトリア・メダル・オブ・オナー（Victoria Medal of Honour）を受賞した六〇人のなかの一人となった。(11)

ウィルモットはジーキルとは異なり、エセックス州の屋敷ウォーリー・プレイス（Warly Place）において、資産を全てつぎ込み、世界中の植物収集をして、研究を重ねて栽培し、庭園に植栽したアマチュア園芸家である。彼女は、時には一〇〇人近い男性のガーデナーを雇い、異常なまでの情熱を持って、大規模な庭園構築を追求し続けた時の人であった。その華麗な半生に比べて、晩年は破産して不遇のなかで亡くなった。ウィルモットは、流行した園芸界において唾棄された人物なのである。

エレン・アン・ウィルモット, "Portrait of Ellen Willmott," Ellen Willmott, F. L. S., *The Genus Rosa,* John Murray, 1910

ウィルモットは、裕福な法律家の父親のもとに生まれ、一八七五年には、家族でウォーリー・プレイスに引っ越した。この屋敷は、三三エーカーもの広大な敷地に建てられた豪邸で、父親の死後、ウィルモットが相続した。家族が取り組んでいた庭園づくりは、そのままウィルモットの生活の中心となっていった。生涯独身であったウィルモットは、人生の全てを園芸に捧げていく。

ウィルモットが園芸に異常なまでに執着した理由は、男性中心主義の園芸の世界に対して孤独な闘いに挑んだことと、情熱的に愛していた女性との別れがあったとされる。国内における名声により、一八九四年にはＲＨＳの会員となり、その三年後には、ＲＨＳのヴィクトリア・メダル・オブ・オナーにノミネートされた。しかし、授賞式には欠席したことにより、彼女は評判を落とすことになる。ウィルモットは、ＲＨＳが女性を排除してきたことに、反感を抱いていたと思われている。(12)

女性として独立した精神を持っていたことは、ウィルモットの園芸活動において証明されるが、それは同時に、彼女のセクシュアル・アイデンティティにおいても理解することができる。ＲＨＳメダル授賞式の前に、三年間親密な関係になった女性が結婚することになり、彼女たちの関係が破綻した。そのため、ウィルモットは悲嘆にくれて、さらに園芸にのめり込んでいったと推測されている。(13)

ウォーリー・プレイスの外でのウィルモットのガーデンデザインの活動は数少ないが、一九二〇年代には、シェイクスピア・バースプレイス・トラスト (Shakespear Birthplace Trust)

にアドバイザーとして名を残している。[14] トラストによると、一九一一年、トラストが、荒れ果てていたシェイクスピアの妻の実家であるアン・ハサウェイズ・コテージ（Anne Hathaway's Cottage）を購入して、ホジソン夫人（Mrs Hodgson）という人物に庭をデザインし直すことを依頼した。その後、トラストのメンバーの一人、アーネスト・ロー（Earnest Law）と懇意になったウィルモットは、彼と一緒にストラトフォード＝アポン＝エイヴォン（Stratford-upon-Avon）にあるシェイクスピアが最期を過ごした屋敷があった場所ニュープレイス（New Place）の改修を行い、ノットガーデンとワイルドフラワーバンクのデザインを行った。さらに、一九二〇年代には、アン・ハサウェイズ・コテージの庭の新しいレイアウトに関して、アドバイスをしたことが、ヘッドガーデナーへの手紙に記されている。

ウィルモットの園芸への傾倒は、散財という結果をもたらし、彼女は栄光と没落を経験した。

彼女は、国内だけでなく国外でも園芸活動を行うことを目指して、海外の不動産に投資した。一八九〇年には、フランスのエクス・レ・バン（Aix-les-Bains）に屋敷を購入して、園芸活動を行うようになる。一九〇五年には、イタリアの地中海沿岸の街ヴェンティミーリア（Ventimiglia）の屋敷を購入して、そこでも庭園をつくった。しかし、このようなウィルモットの浪費により、彼女は財政的に窮地に陥ることになる。

ウィルモットは園芸家としての成果を後世に遺すことにおいても、私財をつぎ込んだ。彼女が編纂して、一九一〇年から一九一四年にかけて刊行した二巻にわたるバラの植物図譜『バラ属（*The Genus Rosa*）』は、高く評価された。その当時は、ピエール＝ジョセフ・ルドゥーテ（Pierre-Joseph Redouté, 1759–1840）による『バラ図譜（*Les Roses*）』が、すでに最も権威があるものとされていた。[15] ウィルモットは、挿絵をアルフレッド・パーソンズ（Alfred William Parsons, 1847–1920）に依頼し、彼女自身は詳細な解説を書いた。パーソンズは、ウィリアム・ロビンソンの本にも挿絵を描いていた風景画家であり、彼自身がガーデンデザイナーでもあった。しかし、『バラ属』は販売部数が伸びずに、ウィルモットには借金だけが残った。

ウィルモットの人生には光と影があり、それは園芸に人生をかけた一人の女性を物語るものである。ウィルモットの強烈な個性と生き方は、彼女が生きた時代においては受け入れられなかった。彼女の死後、彼女が生涯かけて収集した植物は散在し、ウォーリー・プレイスも廃墟となってしまった。[16] しかし、現代においてウィルモットの名前がバラに残っているように、彼女の物語も蘇るべきものなのである。

18

女性によるガーデンデザイン

女性は長らくガーデンデザインに関わってきた。しかし、女性が本格的なデザインに取り組み、専門家となっていたのは二〇世紀を待たなければならなかった。ガートルード・ジーキルやマージェリー・フィッシュは、独学でガーデニングに取り組み、独自のガーデンデザインに到達した。女性の社会進出とともに、ジーキルやフィッシュの同世代から次世代にかけて、多くの女性たちがガーデンデザインに取り組んだり、起業家として世に出ていったりした。

アニー・ロジャース（Annie Rogers, 1856–1937）は、オックスフォード大学で女子高等教育に尽力した教育者として知られているが、ガーデンデザインも行った。(17) 第10章ですでに述べたように、女性に大学が門戸を開いていった時代に、葛藤を繰り返し、オックスフォード大学における女性のためのコレッジの確立に尽力したひとりが、ロジャースなのである。

ロジャースは、オックスフォード大学で歴史を教え政治家となった父親のもとに、オックスフォードで生まれた。女性教育の向上に熱心な両親に支えられて、ラテン語などの古典語を習得したロジャースはオックスフォード大学に挑んだ。一八七七年、ラテン語とギリシャ語の、また一八七九年には古代史の最終試験で最優秀となったが、女性であるためにその成績は認められなかった。さらに、女性であるがために、学位も授与されなかった。ロジャースは、女性高等教育の向上を目指し、女性学寮セント・アンズ・コレッジ（St. Anne's College）の創設に尽力し、さらに新たな女性学舎セント・ヒューズ・コレッジ（St. Hugh's College）の設立に関わり、一九〇七年には古典のチューターとなった。ロジャースの著書『ディグリーズ・バイ・ディグリーズ（*Degrees by Degrees*）』には、彼女のオックスフォード大学での苦難の人生が描かれている。

ロジャースは一九三六年に、セント・ヒューズ・コレッジの名誉フェローとなった。そして、同コレッジの初代「カストス・ホーチュロラム（Custos Hortulorum）」の地位に就き、一九三七年に亡くなるまで在任した。この地位は、学舎の庭の管理を監督するもので、彼女は自分が選んだ植物で、学舎の庭のデザインをしたことで知られている。セント・ヒューズ・コレッジの庭は一四・五エーカーあり、オックスフォード大学の学舎なかでも広いことで知られている。(18)現在でも、同コレッジでは、この地位が継承されており、ヘッドガーデナーとともに、庭を守っている。

同じくオックスフォード大学出身のエレノア・シンクレア・ロード（Eleanour Sinclair Rhode, 1881–1950）もまた、園芸作家として、そしてガーデンデザイナーとして活躍した。(19)ロードは、ハーブガーデンの知識とデザインによって人気作家となった。ロードは、生涯独身で、多くの人と交わることなく、一九一三年から一九四八年までの三五年間、園芸に関して執筆活動を行った。そして、一九二一年の『ア・ガーデン・オブ・ハーブズ（*A Garden of Herbs*）』から一九四三年の『アンコモン・ヴェジタブルズ（*Uncommon Vegetables*）』まで、約三〇冊の著書を遺した。

ロードは、父親の赴任先であるインドで生まれ、イギリスで教育を受けた。有名女子寄宿学校チェルトナム・レイディース・コレッジ（Cheltenham Ladies' College）とオックスフォード大学の女性学舎セント・ヒルダズ・コレッジ（St Hilta's College）で勉強を続けた。その後、ジャーナリストの道に進み、ガーデニングに関する記事を雑誌に掲載し始めた。

ロードは、サリー州のレイゲイト（Reigate）にある屋敷に住んで、広い庭で稀少なハーブや野菜を育てていた。ガーデンデザイナーとして、一九一九年にはチェルシー・フラワーショーに出品しており、ケント州の由緒あるマナーハウスであるルリングストン・カースル（Lullingstone Castle）のハーブガーデンのデザインをした。

また、ハーブだけでなく菜園に関する著作もあり、そのなかで、第二次世界大戦中の一九四〇年、『ザ・ウォータイム・ヴェジタブル・ガーデン（*The Wartime Vegetable Garden*）』を出版した。これは、第21章から第24章で述べる、戦争中の銃後の守りである食料調達運動に応じるもので、一般市民が家庭でできる野菜作りに関する本である。同著は、一九四一年と一九四二年に再版されている。ロードは、生活に密着したガーデンづくりを人々に広めた。

ノラ・リンジィ（Norah Lindsay, 1873–1948）と娘のナンシー・リンジィ（Nancy Lindsay, 1896–1973）は、裕福な家庭出身の女性園芸家として、知られていた。[20] 彼女たちは、園芸やガーデニングの専門教育を受けなかったが、ジーキルなどに影響を受けて、独自のガーデンデザインの世界をつくりあげた。親子で、著名なローレンス・ジョンストン（Lawrence Johnston, 1871–1958）[21] と交流を持つなど、彼女たちは華やかな社交生活を送っていたことで知られている。しかし、ノラは結婚生活が破綻すると、経済的自立のためにガーデンデザイナーとなり、多くの庭園を手掛けるようになった。

ノラは、父親が軍人であったために、赴任先のインドで生まれた。貴族と結婚すると、オックスフォードシャーの屋敷に暮らし始め、そこで女主人としてガーデンづくりに力を注いだ。ヴィタ・サックヴィル＝ウェストが長年の友人であり、また上流階級の人々との交流があったため、王侯貴族から裕福なアメリカ人にいたるまで、仕事の依頼を受けることができた。ノラは、個人の邸宅だけでなく、ホテルや公園のガーデンデザインも行った。二〇世紀初頭から中葉にかけて、女性が、ガーデンデザインとその著作を世に出したことは、女性の経済的自立の基盤となることが証明されたことになる。

19

ヴィタ・サックヴィル＝ウェストのシシングハースト・カースル・ガーデン

シシングハースト・カースル・ガーデン（Sissinghurst Castle Garden）は、一九三八年に一般公開されて以来、イギリスで最も人気があるガーデンのひとつである。シシングハースト・カースルの庭園の魅力は、その庭園のすばらしさだけでなく、庭園をつくったヴィタ・サックヴィル＝ウェストの華麗な経歴にある。(22)

現在のシシングハースト・カースルとその庭園は、非常に美しく理想的な状態でナショナルトラストに保護されている。その歴史は中世に遡り、時代の変遷に放浪されながらも、現在まで存続してきた。

シシングは「サクソンの」という意味で、ハーストは「森」という意味から、シシングハーストは、サクソンの森という名に由来する。シシングハーストは中世から続く荘園があった由緒ある古い土地で、そこにはマナーハウスが建てられた。ヘンリー八世の時代には、王の家臣として活躍したジョン・ベイカー（John Baker, 1488–1558）の屋敷として豪華となり、ロイヤル・ヴィジット（王や女王が貴族の館を訪れるroyal visit）でエリザベス一世が滞在するほどの貴族の邸宅であった。

ベイカー一族が一七世紀に没落すると、屋敷も領地も荒廃していった。そして、シシングハースト・カースルは、一八世紀には、牢獄として使われるようになる。一七五六年から一七六三年まで続いた七年戦争の時代に、英軍に捕らえられた捕虜たちが収容された。そして、壮大なエリザベス時代の屋敷は崩壊してしまった。跡地には、タワーと屋敷の一部のみが残り、一七九六年にはクランブルック協同組合（The Cranbrook "Councillors"）に貸し出されて、救貧院に使われ、約一〇〇人に住居、雇用、そして食料があてがわれた。(23) その後、農地として開拓されて、野菜、ホップなどが栽培され、果樹園もつくられた。建物は、そこで働く農夫たちの住居として使われた。しかし、二〇世紀に入ると、建物も領地も荒れ放題となっていった。そして、カースルという名前だけが残った廃墟は、一九二八年に売りに出された。

この荒廃したシシングハースト・カースルのことをヴィタと夫のハロルド・ニコルソン(Harold Nicolson, 1886–1968)が知り、約四五〇エーカーの土地とともに購入することを決意する。ヴィタにとって、この廃墟こそが、ロマンスを感じるものだった。また、荒れ果てているからこそ、彼らが理想とする庭園をつくる可能性を見出したのだった。

現実的にも、彼らは新たな屋敷を必要としていた。ヴィタは、中世から続く名家の出身で、そのサックヴィル一族は、ケント州のセヴノークス(Sevenoaks)に建てられた約一〇〇〇エーカーの広大な鹿園(deer park)に囲まれて建つノール・ハウス(Knole House)に住み続けた。[24] しかし、一九二八年にヴィタの父親が亡くなると、長子相続(primogeniture)に基づき、ノール・ハウスと領地は叔父の手に渡ってしまった。ノール・ハウスと領地を失ったヴィタに、当時恋人だったヴァージニア・ウルフ(Virginia Woolf, 1882–1941)はノールを舞台とした小説『オーランド(*Orlando*)』(一九二八年)を捧げた。[25]

ノール・ハウスは、シシングハースト・カースルと同様、中世から続く由緒ある屋敷である。ロバート・ドゥ・ノール(Robert de Knole)という所有者の名前が、最も古い記録として残っている。一四世紀になると、屋敷は、何度か持ち主や借主が変わり、後に初代ドーセット伯爵となるトマス・サックヴィル(Thomas Sackville, 1st Earl of Dorset)に譲渡された。それ以来、現在まで、ノール・ハウスと領地はサックヴィル一族の個人宅である。一九四七年より、ノール・ハウスと五二エーカーの土地をナショナルトラストが管理している。(26)

そして、このノール・ハウスを愛したヴィタの人生が、シシングハースト・カースルにおける庭園づくりに大きな意味を持つのである。ウルフが『オーランド』を捧げたヴィタは、詩人であり人気作家であり、両性愛者だった。一九一三年には、外交官で後に政治家となるハロルド・ニコルソンと結婚した。ヴィタは息子を産んだ後も、ウルフだけでなく、女性の恋人を持ち続けた。また、ハロルドも両性愛者であったが、ヴィタとハロルドの結婚は続いた。ヴィタが対峙したセクシュアリティの問題は、『ある結婚の肖像――ヴィタ・サックヴィル＝ウェストとハロルド・ニコルソン（*Portrait of a Marriage: Vita Sackville-West and Harole Nicolson*）』（一九七三年）や『チャレンジ（*Challenge*）』（一九二三年）において描かれている。(27)

ヴィタは詩から小説へ、そして新聞記事まで幅広い創作活動をして、人気作家となった。彼女が構築した文学は、衰退しつつあった歴史ある屋敷とそこに住む貴族階級の人々を描いたロマン主義的文学であると批評されている。

ヴィタの作品には、カントリーハウスなどの屋敷や庭園、そしてそれを囲む自然への愛着が読み取れる。『ザ・ランド（*The Land*）』（一九二六年）は、ヴィタが暮らしたケント州の田園風景や歴史を語った詩である。また、ヴィタの代表的な小説である『ジ・エドワーディアンズ（*The Edwardians*）』は、カントリーハウスを舞台に、エドワード時代の貴族の社会を描いた。さらに、『オール・パッション・スペント（*All Passion Spent*）』（一九三一年）では、貴族の女性の人生を軸に、大英帝国に支えられた貴族の妻としての人生から自己を解放していく価値観の変化を描いた。夫の死により、彼女は、上流階級が住むケンジントンの屋敷から、郊外のハムステッドの小さな家に移る。それは、社会的な地位と豊かな経済力に守られた生活から、新たに人間関係を構築することができる自由な生活への変遷なのである。

ヴィタの創作は、シシングハースト・カースルを購入することで、新たな領域であるガーデン・ライティングへ向かう。それは、ハロルドが外務省を辞職して、経済的に不安定になったために、ヴィタも生計を立てる必要が出てきたからでもあった。園芸家ヴィタがシシングハースト・カースル・ガーデンをつくり、シシングハースト・カースル・ガーデンが園芸作家としてのヴィタを世に出したのである。

豪華な貴族の館のまま維持されてきたノール・ハウスとその領地に比べて、シシングハースト・カースルは荒廃していた。ヴィタとハロルドは、自分たちの手で荒廃したシシングハーストを蘇らせたのだった。ノール・ハウスと領地を失い、壮年期になったヴィタとハロルドは、自分たちの人生を捧げるように庭園づくりに没頭した。その経験を生かして、一九四七年から一九六二年に亡くなる前まで、ヴィタは『オブザーバー（*The Observer*）』に週刊コラム「イン・ユア・ガーデン（"In Your Garden"）」の連載を続けた。この連載記事こそが、シシングハースト・カースル・ガーデンの再生物語なのである。

シシングハースト・カースル・ガーデンは、ヴィタとハロルドが追求した美の聖なる領域であった。しかし、彼らの目標は、完全な美を求めることではなく、自分たちにとって居心地が良い空間を構築することだった。

ヴィタとハロルドは、壁で囲まれたエンクロージャー（enclosures）に整形庭園をデザインして、そこにバラガーデン、コテージガーデン、ハーブガーデン、そしてホワイトガーデンという小さなガーデンを配置した。それぞれのガーデンには、ヴィタとハロルドが、色の構成や形状などから選び抜いた植物を植えた。

これらのガーデンは、ウィリアム・ロビンソンやガートルード・ジーキルの影響を受けてデザインされたと言われている。身近な植物を配置して、自然で豊かな空間をつくり上げた。実際、一九三八年には、庭園は二日間だけ一般公開された。そして、徐々に公開日が増えると、さらに評判を呼んだ。ヴィタ自身も訪問者との会話を楽しむようになっていった。シシングハースト・カースル・ガーデンは、プロとアマチュアを問わず、多くのガーデナーに愛され、彼らの庭づくりに影響を与えた。

建物がほとんど荒廃したシシングハースト・カースルで、七八段の高さのタワーは、現在でも、荘厳で凛とした姿でたたずんでいる。また、サウス・コテージとロング・ライブラリーも残った。そこで、ヴィタとハロルドが執筆活動を行った。特に、タワー内で改修されたヴィタの書斎には、壁一面に約四〇〇〇冊の本が収蔵されている。ヴィタが最後まで執筆をしたオークの机も、当時のまま残されている。

ヴィタの死後、シシングハースト・カースル・ガーデンの維持と存続には、親族と女性のガーデナーたちが貢献することになる。

ヴィタの死後、夫のハロルドは、一九六八年に、シシングハースト・カースルのサウス・コテージで亡くなった。作家であり政治家でもあった息子のナイジェル・ニコルソン（Nigel Nicolson, 1917–2004）が、シシングハースト・カースルを相続した。生前、ヴィタはナショナルトラストの運動に賛同していたが、シシングハースト・カースルをナショナルトラストに託すことには反対していた。ヴィタの死により、ナイジェルは、ナショナルトラストと交渉を再開して、最終的に、シシングハースト・カースルは、ナショナルトラストの管理下に置かれることになった。

ナイジェルの死後は、彼の息子で作家のアダム・ニコルソン（Adam Nicolson, 1957–）がナショナルトラストに協力して、二六〇エーカーの敷地を、ナショナルトラストのレストランに食材を供給する農場につくりかえた。アダムは、サラ・ラヴェン（Sarah Raven, 1963–）と再婚すると、サセックス州のパーチ・ヒル（Perch Hill）という小さな農園に移り住んだ。ラヴェンは、ガーデナーで園芸作家でもあり、シシングハースト・カースルの庭園との関係も、より専門的な立場で深めている。

ラヴェンは、ケンブリッジ大学キングス・コレッジ（King's College）で教えていた父親のもとに生まれ、エディンバラ大学を卒業後、ロンドン大学では医学を学んだ。ガーデナーとなった彼女は、パーチ・ヒルで園芸のクラスを開いたり、切り花の通販会社を経営したりしている。(28)

園芸作家としてのラヴェンは多作で、ガーデンデザインから、ガーデン料理本まで出版してきた。ＢＢＣテレビに出演するなど、メディアでも活躍しており、現代の園芸に関してのオピニオンリーダーである。彼女は、シシングハースト・カースル・ガーデンの庭園に関しての本、『シシングハースト——ヴィタ・サックヴィル＝ウェスト・アンド・ザ・クリエイション・オブ・ア・ガーデン（*Sissinghurst: Vita Sackville-West and the Creation of a Garden*）』を、二〇一四年に刊行した。

ヴィタのシシングハースト・カースルは、彼女に続く女性たちに守られているのである。

20

シシングハースト・カースル・ガーデンの二人の女性ヘッドガーデナー

シシングハースト・カースル・ガーデンでは、二人の女性ガーデナーが活躍した。彼女たちは、第二次世界大戦後の復興期に、プロの園芸家としての道を模索した女性たちである。

第13章で述べたウォーターペリー女子園芸学校の卒業生二人のガーデナーが、シシングハースト・カースルの庭園に新たな息を吹きかけた。その二人とは、ハヴァガルの弟子であるパメラ・スクワード（Pamela Schwerdt, 1931–2009）とシビル・クルーツバーガー（Sibylle Kreutzberger, 1931–）である。彼女たちは、一九五九年から一九九〇年にかけて、三一年間、シシングハースト・カースル・ガーデンの共同ヘッドガーデナーとして働いた。

女性のヘッドガーデナーがまだ珍しかった時代、シシングハースト・カースルの庭を訪れた人々は、二人の女性ヘッドガーデナーが働いていることに驚いた。(29)

スクワードは、一九世紀から園芸家と社会改革者の女性を輩出した中流階級の出身である。祖母は、牧師の娘として生まれ、アマチュア植物学者となったイーディス・ヴェレ・デント（Edith Vere Dent, 1863–1948）である。彼女は、アマチュアという枠を超えて、英国ワイルドフラワー・ソサエティ（The UK Wild Flower Society）を創設し、また雑誌『ワイルドフラワー・マガジン（*Wild Flower Magazine*）』の編集にも携わった。(30) 彼女は、第一次世界大戦中には、地元で赤十字を組織した。彼女の娘ヴィオレットも、一六歳で、英国ワイルドフラワー・ソサエティの秘書となり、二〇年間働いた。そのヴィオレットの娘がスクワードである。

スクワードは、一九五一年、一八歳で、ウォーターペリー女子園芸学校に入学し、卒業時にはＲＨＳナショナル・ディプロマ（National Diploma of Horticulture）を最も優秀な成績で授与された。そして、ウォーターペリーで教員として、八年間教えた。そこで、スクワードは、クルーツバーガーと運命的な出会いをする。クルーツバーガーはウォーターペリーを卒業後、レディング大学の農業植物学科、高山植物の苗木園など幾つかの職場を経て、ウォーターペリー女子園芸学校に戻った。そこで、彼女は教師として教えながら、苗床の管理を任された。

スクワードとクルーツバーガーは、ウォーターペリー女子園芸学校で教えながら、自分たちの道を模索した。彼女たちの目標は、独立して苗木園をつくることだった。彼女たちの姿は、ハヴァガルとサンダースの姿に重なる。

資金もないスクワードとクルーツバーガーは、『タイムズ（*The Times*）』に広告を出して、二エーカーほどの借地を探した。一方で、スクワードは、その当時『オブザーバー』に園芸コラムを書いていたヴィタに手紙を書いた。すると、ヴィタからは、ワイ・コレッジに問い合わせるようにというアドバイスを得た。それと同時に、ヴィタは、シシングハースト・カースルでヘッドガーデナーを一人探していることも伝えてきた。それに返答して、スクワードは、彼女たち二人で働く希望を伝えた。その結果、ヴィタは、スクワードとクルーツバーガー二人をヘッドガーデナーとして採用することになった。ヴィタが六七歳の時のことである。

すでにヴィタとハロルドにより構築されていたシシングハースト・カースル・ガーデンは、春に咲く花が中心であった。その庭園を、スクワードとクルーツバーガーは、春から秋にまで、ほぼ四季にわたり、花が咲き続けるように変えていった。

スクワードとクルーツバーガーは、ハヴァガルとサンダースのように、ガーデナーとしても、人生のパートナーとしても、一体だった。彼女たちは、一九九〇年に引退すると、グロスタシャーのストウ＝オン＝ザ＝ウォルド（Stow-on-the-Wold）近郊に一七世紀に建てられた農家を買って暮らした。二〇〇九年にスクワードが亡くなると、クルーツバーガーは、その家を売り、オックスフォードシャーに戻った。

シシングハースト・カースル・ガーデンの二人の女性ヘッドガーデナーは、専門的知識と実践をウォーターペリーで学び、自分たちの園芸の世界をともに歩むことを生涯貫いた。それは、ハヴァガルとサンダース、そしてヴィタという女性たちが園芸に込めた精神性を受け継いだことであった。そして、スクワードとクルーツバーガーは、人気庭園であったシシングハースト・カースル・ガーデンのヘッドガーデナーとなり、プロの女性園芸家という地位を築き上げたのである。

一九世紀から二〇世紀にかけて、女性と園芸の関係は、より専門的になり、またより職業に直結したものになっていった。

注

（1）ヒルに関しては、Baigent and Cowell、Humphreys と *Oxford Dictionary of National Biography* を参照。

（2）ヒルの祖父トマス・サウスウッド・スミス（Thomas Southwood Smith）は、サナトリウム設立の際には、作家のチャールズ・ディケンズ(Charles Dickens, 1812–1870)と詩人のウィリアム・ワーズワースに支援を求めた。彼は、ディケンズの『荒涼館（*Bleak House*）』に登場するスラム街で働く医師のモデルだと言われている。

（3）ハムステッドの歴史に関しては、Cecil, pp. 192–199 を参照。

（4）公園化に関しては、Cecil、Crowe、Warren A. Johnson を参照。

（5）ラスムッセン、九頁、およびラムサム、一二四頁。

（6）トインビー・ホールは、経済学者であり歴史家であるアーノルド・トインビーの名前から付けられた。トインビー・ホールに関しては、Pitch と Robert Humphreys を参照。

（7）Hampstead Garden Suburb Trust のウェブサイト（https://www/hgstrust.org）を参照。

（8）ラスムッセン、一七〇頁。

（9）Hessayon, pp. 92–93 を参照。

（10）ブリテイン・イン・ブルームに関しては、ＲＨＳのウェブサイト（https://www.rhs.org.uk）を参照。

（11）ウィルモットに関しては、Essex Wildlife Trust のウェブサイト（https://www.essezwt.org.uk）、Lawrence、Le Lievre、*Oxford Dictionary of National Biography* を参照。

（12）Essex Wildlife Trust のウェブサイトを参照。

（13）Lawrence を参照。

（14）シェイクスピア・バースプレイス・トラストは、ウィリアム・シェイクスピアの誕生の地であるウォーリックシャーのストラトフォード＝アポン＝エイヴォンに、一八四七年に創設された保護団体で、シェイクスピアの生家、妻アン・ハサウェイの家などの保護、貴重資料や貴重図書を保管するシェイクスピア・センターの設立などを行っている。詳しくはウェブサイト（htts://www.shakespeare.org.uk）を参照。

（15）ルドゥーテは、ナポレオン一世の皇后ジョセフィーヌのバラ園で植物画を描き、植物図譜を残したことで知られているが、そのなかで『バラ図譜』は最も優れた作品であると評価された。

（16）一九三四年にウィルモットが亡くなった後、彼女が収集した希少植物の多くはスペットチレイ・パーク（Spetchley Park）に移植されて、バークレー（Berkeley）一族により育てられた。一部は、今でもウォーリー・パークに残っている。屋敷は売り出されて高級住宅になる予定であったが、最終的に、一九三九年に取り壊された。その時に、ウィルモットの孫がエセックス・ナチュラリスツ・トラスト（Essex Naturalists' Trust、後のエセックス・ワイルドライフ・トラスト）に貸出して、最終的には売却してしまった。その後、ネイチャー・リザーブとして再建され、元の庭園に戻していく努力がされている。エセックス・ワイルドライフ・トラストのウェブサイト（https://www.essexwt.org.uk）を参照。

（17）ロジャースに関しては、Brittain を参照。

（18）セント・ヒルダズ・コレッジの庭園に関しては、Allen and Walker、Walker を参照。

（19）ロードに関しては、Clark、*Oxford Dictionary of National Biography* を参照。

（20）ノラ・リンジィに関しては、Hayward を参照。

（21）ジョンストンは、パリで裕福なアメリカ人の家庭に生まれ、家庭教育を経て、ケンブリッジ大学のトリニティ・コレッジに進学した。その後、イギリスに帰化した。イギリス軍の軍人となり、第二次ボーア戦争に参戦して、南アフリカ原産の植物に興味を抱き始め、退役後、母親が購入した三〇〇エーカーの敷地を持つヒドコート・マナーにおいてガーデンデザインに邁進した。アーツ・アンド・クラフツ運動の影響を受けたとされている。

(22) シシングハースト・カースル・ガーデンに関しては、ナショナル・トラストのウェブサイト（https://www.nationaltrust.org.uk/visit/kent/sisshinghurst-castle-garden）を参照。

(23) シシングハースト・カースル・ガーデンのウェブサイトを参照。

(24) Vita Sackville-West, *Knole and the Sackvilles* を参照。

(25) Virginia Woolf, *Orlando* を参照。

(26) ナショナルトラストのウェブサイト（https://www.natonaltrust.org.uk/visit/kent/knole）を参照。

(27)『ある結婚の肖像』は、一九二〇年年代の初めに書かれたが、一九七三年に、息子のナイジェル・ニコルソンにより編纂され、出版された。

(28) ラヴェンに関しては、ウェブサイト（https://www/sarahraven.com）を参照。

(29) スクワードとクルーツバーガーに関しては、Jane Brown, *Sissinghurst* を参照

(30) デントに関しては、ワイルドフラワー・ソサエティのウェブサイト（https://thewildflowersociety.org.uk）を参照。

V

ウィメンズ・ランド・アーミーと女性園芸家の活躍

21

第一次世界大戦とウィメンズ・ランド・アーミーの誕生

戦争は、兵士を戦線に送り出すだけではなく、銃後の守りにも重きを置くことになる。第一次世界大戦を契機に、戦地に送り出された男性たちに代わり、整備工や運転手など男性が従事していた仕事に、女性が就いた。その分野は農業や園芸にも及んだ。そして、その活動には、女性の指導者や女性園芸家たちの活躍があった。

第一次世界大戦中には、イギリスも食糧難となり、男性労働者が戦地に送られ、農業において働き手が減少した。一九一四年九月九日には、ウィメンズ・ディフェンス・レフリーフ・コープス（Women's Defence Relief Corps，以下ＷＤＲＣ）が結成され、一九一六年と一九一七年には、都市出身の約五〇〇人の女性が農業に従事した。

一九一七年、当時の農業省が、都市や町に住む女性たちをリクルートして、農業地へと送り込んだ。ウィメンズ・ランド・アーミー（Women's Land Army, 以下ＷＬＡ）が形成され、リクルートされた女性たちはランド・ガールズ（Land Girls）と呼ばれて人手不足の農家へと送り出された。

この新たな試みは設立当初は必要人数を集めることに難航したが、最終的に三万人の女性たちが参加した。ＷＬＡは一九一九年に解散したが、第二次世界大戦が始まると、一九三九年にＷＬＡの再結成が決定して、一九四四年までに、八万人以上の女性たちが従事した[1]。特に第二次世界大戦中は、各地ですでに活躍していた女性園芸家やウォーターペリー女子園芸学校のような園芸学校や女性園芸家たちも協力した。

アーミー（軍隊）という名称が示すように、男性が軍隊に入り戦線で戦う一方で、女性たちは国内で戦った。国民に食料を供給するという重要な役割を担ったランド・ガールズたちは、武器ではなく農具を手に畑で任務をこなした。その農地は、ヴィクトリー・ガーデン（Victory Garden）と呼ばれ、ランド・ガールズは救世主となった。

第一次世界大戦以前、一八九九年に女性と園芸、農業、およびガーデンに関する団体が存在した。その代表例が、ウィメンズ・ファーム・アンド・ガーデン・ユニオン（The

Women's Farm and Garden Union, 以下ＷＦＧＵ）である。一八九九年に、国際女性会議（The International Congress of Women）がロンドンで開催された。それは、世界中から女性参政権運動の団体が集まり、開催された国際会議であった。パリで一八七八年に初めて開催されて以来、二回目の開催となったロンドン大会では、教育、専門職、政治、社会、産業および法律の各部門に関して議論が行われた。このロンドン大会に参加したメンバーにより、ＷＦＧＵの前身が結成され、一九一〇年にＷＦＧＵとなった。ＷＦＧＵの目的は、女性が農場で働く雇用機会を増やすことであり、これは、女性が農学や園芸学を学んで専門職に就くことを推奨した運動でもあった。(2)

一九世紀にすでに女性の農場経営は行われていた。著述家であり社会改革者であったハリエット・マーティノーは、静養で訪れた湖水地方が気に入り、定住して農業経営に乗り出した。彼女は農業を興すことで、新たな農業の在り方にチャレンジした。さらに、図書室を開放したり、レクチャーをしたりして、貧しい地元の農夫やその家族たちの教育の向上にも貢献した。また、それに倣うように、絵本作家として成功したビアトリクス・ポターも、湖水地方のニアソーリ（Near Sawrey）村に農家を買い取り、本格的に酪農に取り組んで広大な農地を所有する大農業家となった。

第一次世界大戦の勃発により、ＷＦＧＵの創設メンバーであったルイーザ・ウィルキンズ（Louisa Wilkins, 1873–1929）とキャサリン・ミナ・コートールド（Katherine Mina Courtauld, 1856–1935）が、農業地における労働者の不足に警鐘を鳴らし、女性が農業に携わることを促進する運動に取り組んだ。彼女たちは、特に、中流階級の独身女性たちが、農業や園芸を専門として学び、専門職に就く運動を、女性参政権運動のなかで行った。

ウィルキンズは、ケンブリッジ大学のニューナム・コレッジで農学を学び、兄弟が経営する農場で農場管理の仕事に就いた。農業を専門職として仕事をする先駆者であったウィルキンズは、農業の実践において研究を重ねた。その結果を、一九〇七年には、『ザ・スモール・ホールディングス・オブ・イングランド（*The Small Holdings of England*）』として出版した。彼女は、イングランドに残る農業用の小作地に関して調査を行い、歴史的背景から、その変遷や運営に関して記した。女性の友人とダマスカスからバクダッドまで旅行をして、旅行記も出版している。

ウィルキンズは、第一次世界大戦が始まると、一九一六年に、農業省にウィメンズ・ナショナル・ランド・サービス・コープス（Women's National Land Service Coprs）の結成を意見して、基金を獲得した。それは、戦争中の非常事態において、女性の労働力が農業に必要とされるため、女性の農業従事者を募るという案である。そして、WLAが結成された。

もう一人の貢献者、コートールドも、農業従事者であり女性参政権運動家であった。(3) コートールド一族は、レーヨン産業で莫大な富を築いた大富豪で、サミュエル・コートールド(Samuel Courtauld, 1876–1946)は、広く美術収集を行い、コートールド美術館の基礎をつくった人物である。裕福な家庭に生まれたキャサリンは、女子寄宿学校を卒業した後は、女性であるために農業大学への入学が認められず、地元でエセックス・カウンティ・カウンシルが開催していた講義を聴講することで、農業に関して学んだ。しかし、彼女が二一歳の時に、父親から二四三エーカーにも及ぶナイツ・ファーム(Knights Farm)を与えられ、そこで穀物栽培から、酪農、果樹園の運営に本格的に取り組むことになる。農業地を二〇〇〇エーカーまで拡大し、女性の見習いを置いて教育をし、一五名ほどの農夫を雇っていた。農業経営は成果を生み、彼女は農業家として知られるようになった。

キャサリンは、ウィルキンズとともに、WFGUの活動の中心となり、一九〇七年には会長に就任した。二人は、WLA創設への道を築いていった。ウィルキンズは、サリー州のリングフールド(Lingfiled)に九八エーカーの土地を購入して、女性が小規模な農業経営を行うことができるコロニーを創設した。

キャサリンは、一九三二年に、ロンドンのコートールド・ハウスを寄付すると、そこがWFGUの本部となった。彼女は、五〇年来の人生のパートナー、メアリー・グラッドストン（Mary Gladstone, 1856–1941）と、ナイツ・ファームで過ごした。

さらに、第一次世界大戦中の女性労働者の活用に関しては、メリール・タルボット（Meriel Talbot, 1866–1956）の功績が大きい。[4] 政治家の娘として生まれたタルボットは、社会改革者として活動し、特に、一八八〇年代から一八九〇年代にかけてセツルメント運動に参加した。一九一六年には、農業漁業省（Board of Agriculture and Fisheries）の女性初の監督官となり、一九一七年には、その農業漁業省の女性部門の責任者に抜擢された。その部門では、WLAの徴募と調整を執り行った。

一九一八年のWLA徴募のポスターには、森林伐採をしている女性と、子牛を携えた搾乳をする女性が描かれている。二人とも、ユニフォームであるコート式の作業着を着て、帽子をかぶり、ブーツを履いている。そして、そこには、「食糧生産、馬糧徴発と木材のために、英国女性の助けが緊急で必要不可欠です（"For Food Production Forage and Timber, The help of British Women is urgent and indispensable"）」[5] というスローガンが記されている。また、町の店のウィンドウに、ユニフォームなどをディスプレイするなど、志願者を呼び込む工夫がされた。

ランド・ガールズには、健康、身体能力、および農業に従事する明確な理由が必要とされた。身体検査が行われ、精神的に安定した二〇歳以上の女性が適切とされた。それは、体力だけでなく、孤立した農場での生活に耐えうる精神力も必要とされたからである。このような理由から、二〇歳以上の女性が理想とされたのだ。

このように、ＷＬＡは、男性中心である農業という領域において、専門知識を持ち専門家となった女性農業家たちの運動により、結成されたのである。そして、その運動を農業漁業省の管轄とするうえで、社会活動家として活躍したタルボットが参加したのである。

ＷＬＡは、徴兵制度と同様、政府主導で行われたが、女性によって運営された民間団体であった。それぞれのカウンティのウィメンズ・ウォー・アグリカルチュラル・コミティ（Women's War Agricultural Committees、以下ＷＷＡＣ）の協力で、村の戸籍官が徴募作業を行った。地元の女性農業労働者の登録状況を見て、農夫たちは、登録者が雇用可能かあるいは適しているかなどを知ることができた。ＷＷＡＣは、志願した女性たちには基本的訓練を行った後に、彼女たちを雇うことを農夫たちに推奨した。また、園芸学校やチェシャー・アグリカルチュラル・コレッジ（Cheshire Agricultural College）など農業学校にも、WLAの訓練センターや短期コースを設置された。一九一七年の九月までに、イングランドとウェールズで二四七か所に訓練センターが存在した。一般に、未経験の者は、訓練センターで四週間（後に六週間）の実践的な訓練を受け、適格と認められた者のみが農地へと送られていった。

さらに、以前にWDRCでボランティアとして働いたことがある女性たちを、WLAのグループリーダーとして選出したり、より経験が豊かな女性を教育係や管理者として訓練センターに派遣したりもした。また、高い教育を受けた若い女性たちには、「ギャング・リーダーズ（Gang Leaders）」として毎年六月から一〇月の間、それぞれの農地で責任ある仕事に従事させた。

WLAは、農業（Agriculture）、馬糧徴発（Forage）、そして森林伐採（Timber Cutting）の三部門に分かれていた。(6)

一二か月の契約をしたものは、三部門のどれかを選ぶことができたが、六か月の契約をした者は、農業か森林伐採のどちらかの部門に送られた。また、志願者は、決定された赴任地に行くことが義務付けられていた。ランド・ガールズ全員に、『ランド・アーミー・アグリカルチュラル・セクション・ハンドブック（*The Land Army Agricultural Section Handbook*）』という手引書が配布された。

農業部門は、搾乳と農場での作業が主な仕事で、一九一八年には一万二六四九人という最も多くの女性が所属した。馬糧徴発コープスとは、馬の飼料作りが中心で、一九一五年から存在していた組織である。一九一九年の終わりまでに、ブリテン島とアイルランドで、約八〇〇〇人の女性がこの部門で働いていた。林業に携わったティンバー・コープス（Timber Corps、別名 The Women's Forestry Corps）は、一九一六年に結成され、その後、ＷＬＡの一部門となって、一九一八年の一月までに、約四〇〇人の女性が働いた。

第一次世界大戦中にランド・ガールズとして働いた女性たちは、約二万一〇〇〇人にのぼり、短期間のみに働いた女性たちを加えると約三〇万人にもなった。

しかし、実際は、彼女たちが置かれた環境は理想とはほど遠い場合が多かった。農夫やその家族たちのなかには、都会からやってきたランド・ガールズに対して反感を抱く者もいた。ランド・ガールズたちが地方に駐屯する兵士たちと交流することで、風紀を乱すという考えもあった。

ＷＬＡは戦争下の緊急措置であったが、園芸学校や農業学校の女性園芸家たちの指導が評価され、また専門職として園芸や農業に女性が従事する機会を拡大した。ランド・ガールズのなかから、園芸家となった者も出て、園芸学の新たな可能性が確認されたのである。

22

第二次世界大戦における新たなウィメンズ・ランド・アーミー活動

第二次世界大戦が勃発すると、一九三九年六月に再結成されたＷＬＡは、大戦中から戦後の復興期まで続いた。第二次世界大戦は、銃後の守りとして兵役に就かなかった男性に対しては、国民から募ったボランティア部隊であるホーム・ガード（Home Guard）を結成した。同年九月一日には、ドイツがポーランドに侵略して、九月三日にはイギリスはドイツに宣戦布告した。そして、一九四〇年には、食糧配給が始まった。一九四一年五月になると、一九歳から四〇歳の全てのイギリス国民の女性は、労働遂行のための労役に就くことが義務付けられた。食糧難になっていくなかで、第一次世界大戦の時よりも、ＷＬＡの結成が急務となった。

一九三九年一月には、国民兵役としてＷＬＡが必要であることが掲げられ、同年六月には、ＷＬＡが再結成されて、徴募が始まった。第一次世界大戦時よりも、強力な組織化が敏速に進められた。ディレクターになったのは女性活動家として知られていた貴族のガートルード・デンマン（Gertrude Denman, Baroness Denman, 1884–1954）だった。彼女のもとには、社会活動家である貴族や上流階級の女性たちが集った。一九四一年には、当時は王女だった後の故エリザベス二世が、ＷＬＡの後援者となる。一九四〇年四月から、月刊誌『ザ・ランド・ガール（*The Land Girl*）』が刊行され始めた。それは、より多くの女性を徴募するための広告誌であるとともに、指南書でもあった。

すでに第一次世界大戦時に実績を積んでいたＷＬＡは、より充実した組織となり、一九四四年のピーク時までに、八万人以上の女性たちが、ランド・ガールズになった。一九三九年六月から一九五〇年一一月までに、二〇万人以上のランド・ガールズたちが農場などに雇われた。

ランド・ガールズの募集ポスターの一つには、「健康で、幸せな仕事を（"For a healthy, happy job"）」というスローガンが書かれている。(7) そこに描かれているイラストには、畑をバックに、ランド・ガールズの新しいユニフォームを着て鍬《くわ》を握りしめている若い女性の姿が描かれている。シャツの上にグリーンのセーターを身に着けて、ニッカーボッカーに長い靴下を履いている。セーターと同じグリーンのリボンを髪につけており、第一次世界大戦の時のＷＬＡのユニフォームよりも、洗練されている。これらのポスターに感化されて、一九四一年の秋までに、二万人以上の女性が応募した。彼女たちの三分の一以上が、ロンドンや他の都市の出身者であった。

第一次世界大戦時と同様、ランド・ガールズになるには、基準が設けられて審査が行われた。厳しい年齢制限が設けられ、志願時に一七歳半でなければならなかった。また、面接においては、職歴、現在の職業、部門選択、希望赴任地から、田舎暮らしの経験や自転車に乗れるか、さらにはユニフォームのサイズまで聞かれた。すでに他の労役に就いている者は志願することができなかった。健康診断の証明書が必要とされ、心身ともに健康な女性が求められた。

新しいユニフォームの支給は、シャツを三枚、防寒用のグリーンのセーターを二枚、ニッカーボッカー半ズボンを二枚、長い靴下を三組、茶色の靴、茶色のカーボーイハットである。それに加え、帽子用やネクタイ用のバッジも、支給された。

ランド・ガールズは、農場に派遣される前に、農業学校や訓練農場で訓練を受けた。この訓練は、都会育ちで農作業をしたことがない若い女性たちには過酷だった。彼女たちは、毎日、じゃがいもを植え付けたり、搾乳をしたり、馬などの動物の扱いなどを学んだ。訓練期間の間で、その労働の厳しさに耐えられない女性もいた。訓練期間は、特別な場合を除き、休むことは許されなかった。訓練後に、農業労働には不適格と判断されていると、家に帰された。

第一次世界大戦中と同様、ランド・ガールズに憧れ、熱意を持って志願して、これらの審査や訓練に通った女性たちにとって、ＷＬＡでの生活は、必ずしも理想通りではなかった。都市出身で地方の農家に派遣されたランド・ガールズにとって、農場で暮らすこと、そして農業に従事することは、それまでにない体験となった。

彼女たちの住居は基本的に農家であり、一人か二人のペアで、農家や農業従事者用の住居に住んだ。しかし、ランド・ガールズの数が増加するにつれて、住居不足となり、彼女たち用のホステルが各地に建設された。一九四四年までに、約七〇〇軒のホステルが準備され、約二万二〇〇〇人のランド・ガールズがそこに滞在した。ホステルには徴用されたカントリーハウスや仮兵舎が使われた。農場では、トイレなど十分な設備がなかったり、ホステルでは学校の寮生活のような窮屈な生活を送ったりと、成人した女性たちには不便さがあった。

特に、ティンバー・コープス所属の女性たちは「ランバー・ジルズ（"Lumber Jills"）」と呼ばれた。彼女たちのほとんどは、森林に建てられた仮兵舎に住んだ。戦争中は、坑道支柱や電柱を設置するために、木材が必要とされており、一九四二年にウィメンズ・ティンバー・コープスが結成された。彼女たちは、木材の選定から測定、伐採と運送、さらに低木の焼却に至るまで行った。

また、ネズミ捕獲作業に当たった女性たちは、抗害獣部隊で専門訓練を受け、ネズミ、キツネ、ウサギ、モグラなどの駆除作業に従事した。第二次世界大戦中、イギリスには五〇〇〇万匹のネズミが生息していたとされ、ペスト菌が蔓延することが危惧されていた。

ランド・ガールズの多くが就いた仕事が、酪農業であった。一九四四年までに、四分の一のランド・ガールズが、酪農に関する仕事をした。早朝の搾乳に一日が始まり、牛舎の清掃、搾乳機器の殺菌消毒、牛の餌やりと洗浄を一日かけて行った。また、豚は戦争中の重要な栄養源であったため、彼女たちは、豚の世話だけでなく、豚の出産から食肉解体処理までの仕事をこなした。

農作業は食量調達のためだけでなく、戦争中に不足していた衣料製造に必要な亜麻布(linen)の生産にまで及んだ。亜麻は、三フィートから四フィートの茎にブルーの花を咲かせる。ランド・ガールズは、その亜麻をトラクターで収穫する仕事も行った。

しかし、ランド・ガールズは、性差別に直面することになる。国に奉仕する部隊に属しながら、ランド・ガールズは、男性より給料が安く、偏見やハラスメントと対峙しなければならなかった。同じ農業労働をする男労働者の一週間の賃金が三八シリングだったことに対して、女性は二八シリングだった。彼女たちの基本労働時間は、夏季は五〇時間で冬季は四八時間と長時間であり、休日はほとんどなかった。一九四三年になって、やっと年間一週間の休日が認められ、賃金も上がった。

ランド・ガールズにとって必要な社交生活には、彼女たちの生活圏の違いにより大きな差が出た。厳しい労働に従事して、自由な時間が制限されていたため、ランド・ガールズには余暇を過ごす時間は皆無だった。しかし、戦争中とはいえ、農場で働く若い女性たちには、健全な生活を維持するために余暇の時間が必要だった。例えば、英国軍の駐屯地やアメリカ軍基地の近くの農場で働く女性たちは、兵士たちのダンスの相手として頻繁に招かれた。しかし、孤立した農業で一人滞在する場合や、受け入れ農家が高齢者である場合は、ランド・ガールズは、話し相手もいない環境で孤独に陥ることが多かった。ホステルでは、レクリエーションルームがあり、ピアノや蓄音器が置かれていたが、ランド・ガールズは、そこでゆっくりと過ごす時間的ゆとりはなかった。ホステルの消灯時間は一〇時であり、その時間に三回遅れると、他のホステルに移されるなど、厳しい規則があった。

しかし、ランド・ガールズのネットワークは、派遣された地域を超えて繋がっていった。月刊誌『ザ・ランド・ガール』は購買数を伸ばし、農業省が出版を支援するほどになった。『ザ・ランド・ガール』は、ランド・ガールズに共通する話題やニュースなどを提供したため、彼女たちの士気を高める役割も果たした。そして、彼女たちは、契約期間が終わると、修業証書を受け取った。彼女たちは、ランド・ガールズであったという誇りを持って生きていくことになったのだ。

また、ランド・ガールズは、農業や園芸という新たな世界を知ることで、成長をしていった。ＷＬＡは、農学や園芸学が発展していった時代に、女性がそれらの分野で活躍する可能性を具体的に提示してくれたのだ。WLAは、農業学校や園芸学校の協力を得て、専門分野として学ぶ機会を若い女性たちに与えた。彼女たちのなかには、園芸学校の耕地で野菜などを栽培できただけでなく、専門家による指導を受けることができたものもいた。

WLAは、イギリス国内だけでなく、第一次世界大戦と第二次世界大戦にはアメリカで、また第二次世界大戦にオーストラリアなどでも結成された。

23

ウィメンズ・ランド・アーミーと女性地位向上への道のり

一九四一年年六月にWLAが再結成されると、名誉ディレクターになったのは、第22章でも述べた貴族で女性参政権運動家として知られていたガートルード・デンマンであった。(8) 彼女は、オーストラリアの僻地看護問題の改善、農業に従事する女性の教育と地位向上、産児制限などの様々な社会問題に取り組んだ活動家である。

八月二九日には、デルマンは、ウェストサセックスの、ヘイワードヒースにある自分の屋敷バルコム・プレイス（Balcombe Place）に、ＷＬＡの本部を置いた。バルコム・プレイスは、結婚後に、父親から与えられた彼女の私邸である。そこで、彼女は指導者としての手腕を発揮した。ＷＬＡの環境改善は、女性の地位向上を目指すものであった。

デンマンの生家は、ヨークシャー出身の大実業の一族である。父親は、女性問題などの社会問題に取り組み、自由党所属の政治家となったウィートマン・ディキンソン・ピアソン（Weetman Dickinson Pearson, 1856–1927）である。母親のアニー・ピアソンもまた、自由党で女性問題に取り組んだ。父親は、一族の炭鉱経営、建設業、鉄道建設を拡大して、メキシコの油田開発やナイル川の建設に携わるなど、世界的に活躍した。その功績により、一八九四年には男爵の爵位を授与され、一九一〇年には初代カウドレー子爵（1st Viscount Cowdray）となった。

両親は海外に滞在することが多く、デンマンと兄弟たちは、裕福な家庭の子女子弟としてロンドンで育てられた。その後、ロンドンのカールトン・ハウス・テラス（Carlton House Terrace）だけでなく、父親は男爵、そして子爵となると、サセックス州やスコットランドにも豪華な屋敷をかまえた。デンマンは、フィニッシングスクールを終えると、上流階級の女性として社交界にデビューする。そして、サセックスの第三代デンマン男爵トマス・デンマン（Thomas Denman, 3rd Baron Denman, 1874–1954）と出会い、一九〇三年に結婚する。

財力も社会的地位も安定したデンマンの結婚生活は、満足なものではなかった。子供は二人生まれ、夫は若くして自由党の貴族院議員となった。一九一一年から一九一四年には、夫は、オーストラリア総督の地位に就き、順調満帆な人生が始まったかのようだった。オーストラリアでは、デンマンは、総督夫人として、夫の補佐役をこなし公的行事に出席したが、同時に、自分自身が進むべき道を切り開いていった。

デンマンは、一九〇八年、母親が就いていたウィメンズ・リベラル・フェデレイション（Women's Liberal Federation）の執行部のメンバーに選ばれ、自分より年齢が上で経験豊かな女性たちとともに、活動をするようになった。彼女たちが取り組んだのは、女性参政権運動であった。オーストラリアに渡った後も、デンマンは、オーストラリア各州のナショナル・カウンシル・オブ・ウィメン（National Council of Women）の活動に賛同した。特に、僻地看護の不足問題に取り組み、僻地看護センターの設立に尽力した。

オーストラリアにおいて夫とは心理的な距離ができていた。病気のために職を辞した夫と一九一四年にロンドンに戻ると、デンマンは新たな活動に没頭した。それは、第一次世界大戦中に戦争で負傷した兵士たちにタバコを送るという慈善活動である。ボランティアたちは、デンマンのロンドンの邸宅に集まり、邸宅の舞踏ホールを輸送センターにして、そこから兵士たちが収容されている病院へタバコを送った。

さらに、デンマンは、第一次世界大戦時以来、農業に従事する女性の地位確立に取り組むようになり、それは第二次世界大戦にまで続いた。

一九一六年に、デンマンは、アグリカルチュラル・オーガニゼーション・ソサエティ（Agricultural Organisation Society）の分科委員会の委員長となり、ウィメンズ・インスティテューツ（Women's Institutes、以下ＷＩ）が設立されると、彼女はこの運動の中心となっていった。

その結果、デンマンは、生涯、農業や農業に従事する女性の地位向上に取り組むことになる。ナショナル・フェデレーション・オブ・ウィメンズ・インスティテューツ（National

Federation of Women's Institutes）が創設されると、デンマンは会長となり、一九四六年まで再選され続けた。デンマンは、第一次世界大戦で食料への関心が高まった時に、農村地域に住む女性たちに対して、食料を生産したり食品を保存したりする活動に従事するうえで、彼女たちが住む地域のコミュニティに強い関係を持つことを奨励した。一九一七年から一九一九年の間、デンマンはWLAの名誉副ディレクターとなった。その結果、WIとWLAとの関係が密となっていった。

彼女が亡くなる時までに、八〇〇〇以上のインスティテュートが設立され、そのメンバーは四五万人にもなった。一九四八年には、当時のバークシャー（現在のオックスフォードシャー）のマーカム（Marcham）にある屋敷マーカム・パークに、成人教育の学校ウィメンズ・インスティテュート・レジデンシャル・コレッジ（Women's Institute Residential College）が創設されると、デンマン・コレッジと名付けられた。(9)

このような経歴から、第二次世界大戦になり、WLAの再結成の際には、デンマンに白羽の矢が立った。再結成されたWLAに、デンマンは様々な改革を行った。新しいユニフォームのデザインは、パリのトップデザイナーに依頼した。また、WLAの活動を支援するように、WIに働きかけた。ランド・ガールズの受け入れに難色を示す農家への対処として、農夫の妻たちにランド・ガールズと交流することを呼びかけた。例えば、農家で熱い風呂に入る機会がほとんどないランド・ガールズを風呂に入らせたり、社交の機会が少ないランド・ガールズをお茶に招いたりした。日常的な関わり合いを持つことにより、ランド・ガールズは農夫の妻たちに自分たちが抱える問題を相談したりするようになった。さらに、デンマンは、ランド・ガールズの適正な賃金の設定と健康保険の制度にも取り組んだ。

一九四二年に、デンマンは、ランド・ガールズを経済的に支援するWLA慈善基金を立ち上げた。この基金は、ランド・ガールズがWLAの仕事で病気や事故に遭った時の治療や、訓練と教育援助などに使われた。さらに、一九四四年には、ロンドンにWLAクラブを設立した。このクラブは、後にホームクラフト・トレイニング・センター（Homecraft Training Centre）となり、WLAの任務を終えて結婚するランド・ガールズに一か月の宿泊研修を行ったり、リューマチの診断と治療を行ったりする場となった。

デンマンは、第二次世界大戦が終結する直前、一九四五年二月に、WLAのディレクターを辞職した。それは、政府が他の戦時労役に就いた者と同等に、WLAのランド・ガールズを認めなかったからである。

しかし、デンマンが目指した農業に従事する女性の地位向上を目指す運動は、次世代へと受け継がれるのである。

24

ランド・ガールズと女性専門家たちの遭遇

二つの世界大戦を通して、ランド・ガールズは、専門職に就いていた女性植物学者、女子園芸学校の指導者、そしてガーデン・ライティングの女性作家たちに遭遇する。その遭遇は、園芸学や農学の発展と、女性の専門職への確立をもたらした。

第一次世界大戦前に、すでに植物学の専門家として活躍していたエセル・トマス（Ethel

Nancy Miles Thomas, 1876–1944）は、第一次世界大戦が始まるとＷＬＡの監督官（inspector）として活動した[10]。

トマスは、ロンドンで教員をしている父親のもとで生まれ、家庭教育を受けた後に女子高等学校に進学した。そして、一八九七年に、ユニヴァーシティ・コレッジ・ロンドンに入学して、植物学の研究を始めた。ＵＣＬは、一八七八年に女性の入学を許可して、学位を認めた女性に開かれた大学だった。それ以降、二〇世紀前半、トマスは男性中心であった植物学の世界で学者としての道を歩んだ。

ＵＣＬで、トマスは、女性植物学者の先駆者であるエセル・サルガント（Ethel Sargant, 1863–1918）の助手として研究を重ね、一九〇五年に理学士（Bachelor of Science）を授与された[11]。そして、第3章で述べたように、ＵＣＬよりいち早く女子の大学教育への道を築いたベッドフォード・コレッジに教職を得て、一九〇八年には新しく設立された植物学科の学科長となった[12]。ベッドフォード・コレッジは、一九〇〇年にロンドン大学の一部となり、一九一三年にリージェンツ・パークに校舎を移した。そこで、トマスは、植物ガーデンをデザインして、植物学の実験を始めた。ベッドフォード・コレッジは、女性が初めて実験を行った校舎である。一九一五年には、トマスは、ＵＣＬから理学博士号を授与された。彼女は被子植物の研究で知られており、特に、重複受精に関してイギリスで初めて論文を発表した。

学外においても、トマスは研究成果が評価されて、一九〇八年には、ロンドン・リンネ協会のフェローに選出され、さらに一九一〇年から一九一五年にはカウンシルのメンバーにもなった。

順調満帆に思えたトマスの学者としての地位は、ベッドフォード・コレッジの学長と意見が対立して、同校を解雇されることにより、失われた。その時に、彼女はＷＬＡの監督官になる。大学を追われたトマスにとって、ＷＬＡは一時的な避難場所だったかもしれない。しかし、戦争により、トマスは、ＷＬＡという新たな領域を切り開いた女性科学者の一人になったのだ。

第一次世界大戦が終わると、トマスは大学の職に戻り、次々と設立されていく新しい大学の植物学の発展に寄与した。ユニヴァーシティ・コレッジ・オブ・サウスウェールズ（University College of South Wales、現在のカーディフ大学）の植物学科の設立に携わり、新設されたばかりのユニヴァーシティ・コレッジ・レスター（University College, Leicester、現在のUniversity of Leicester）においては、生物学科を設立して、植物実験室を設置した。

そこで、トマスは学科長となり、定年まで勤めた。トマスは、戦争中にＷＬＡの監督官を経て、戦後創設された新大学では植物学科を設立するリーダーとなったのだ。

さらに、第二次世界大戦中には、すでに確立されていた女子園芸学校が、ＷＬＡの活動に重要な役割を果たした。その最も顕著な例が、ウォーターペリー女子園芸学校である。第13章で述べたように、校長のハヴァガル自身が、高校を卒業後、第一次世界大戦時に女性の農業促進運動のなかで、地元でガーデニングの仕事を始めたのだった。そして、第二次世界大戦になると、校長を務めるウォーターペリー女子園芸学校で、ランド・ガールズを受け入れ、彼女たちに専門的で実践的な指導を行った。

ウォーターペリー女子園芸学校のカリキュラムは定評があったが、一九三九年に深刻な財政難に陥り、学校の存続が危ぶまれた。借地借家であったために、持ち主のオックスフォード大学モードリン・コレッジからは、新しいテナントを変更する案が出され、ハヴァガルたちは窮地に陥った。その窮地を知った人から匿名の援助を受けて、何とか、ウォーターペリーの地に残留することになった。

ハヴァガルは、戦時中に必要な食料の調達ができるように、市場向け農園をつくった。この方針で園芸活動を行う一方で、ＷＬＡのランド・ガールズを受け入れて、スタッフ、学生、そしてランド・ガールズが一緒になって働いた。それに加え、「ディッグ・フォー・ヴィクトリー・デモンストレーションズ（"Dig for Victory Demonstrations"）」というプログラムを立ち上げて、毎月最後の土曜日には、地元の人々に、戦時中でも家庭でできる菜園のコースを開いた。インタヴューでハヴァガル自身がその重要性を語っているように、この園芸コースは、戦後も続けられた。(13)

そして、第19章で述べた、アマチュア園芸家としてシシングハースト・カースル・ガーデンに関する著作で知られていたヴィタ・サックヴィル＝ウェストは、第二次世界大戦中の一九四四年に、『ザ・ウィメンズ・ランド・アーミー（*The Women's Land Army*）』を出版した。このノンフィクション作品は、ヴィタの作品のなかで、ほとんど知られていない。ヴィタは、シシングハースト・カースルでＷＬＡのランド・ガールズを受け入れた。ヴィタ自身が、ケント州におけるＷＬＡの組織と発展に貢献したのだった。そして、農業漁業省の依頼で、ヴィタはＷＬＡに関して書くことになった。

ガーデナーとしてのヴィタは、新聞のコラムも担当し、園芸作家としての地位を築いていた。そのヴィタに、政府は宣伝活動の一環として、ＷＬＡに関する本を書くように依頼した。雑誌『ザ・ランド・ガール』はすでに人気刊行物となり、指南書も出版されていた。

ヴィタの『ザ・ウィメンズ・ランド・アーミー』は、歴史的背景、組織作り、実施方法、ランド・ガールズの労働内容と階級、そして生活などを、写真と一緒に記したノンフィクション作品である。これは、歴史家や社会学者などが、WLAに関する歴史書や専門書を出版する前のことである。

ヴィタが描いたランド・ガールズ像は、理想化されたものでも、また美化されたものでもない。ヴィタは、WLAという名誉な名のもとに、無名の女性たちが、農業という地道で過酷な労働に従事していることに注目した。それは、男性中心の歴史の中で、忘れ去られていく女性たちの姿だったのである。特に戦争史において、彼女たちの存在は、個人として抹殺されるだけでなく、集団としても軽視されるものなのだ。実際に現在進行形で動いていたWLAの歴史を、ヴィタは歴史を先取りして書いたのだ。

第一次世界大戦と第二次世界大戦において、WLAは、植物学、園芸学、農業、そして文学という専門分野で活躍する女性たちと遭遇した。各地から集められた無名の女性たちだったランド・ガールズは、女性が園芸や農業に携わる重要性を社会に確認させた。

25

戦争中のキューガーデンズにおける女性ガーデナーとウィメンズ・ランド・アーミーの遭遇

戦争中のキューガーデンズは、男性の科学者やガーデナーが戦地に送られた結果、女性を雇用した。戦争中のキューガーデンズは、従来の一般市民の余暇の空間の提供、そして戦争に有効な植物の研究、そして食料調達のための菜園活動という役割を果たさなければならなかった。

戦争中には、ガーデンの重要性は再確認された。第一次世界大戦と第二次世界大戦におけるＷＬＡの活動と、食料を自分たちで調達する農業や家庭菜園の役割が女性たちに課されたことはすでに述べた。それに加え、ガーデニングや庭がもたらす心理的効果が、戦争下において評価されるようになっていった。

第一次世界大戦中においても、キューガーデンズは一般公開されていた。[14] 戦争が激化するなかで、市民たちが静かな環境や自然満喫することができなくなったため、キューガーデンズは、その場を提供するために維持されたのだ。しかし、他の職業と同様、キューガーデンズの男性の職員は出征したため、人手不足に陥った。キューガーデンズに所属する研究者からガーデナーまで、一二四人の男性が職場を離れた。そこで、失われた男性の労働力を補うために、一九一五年から、それまでにない多くの女性を雇うことになった。

キューガーデンズの第一次世界大戦中の女性ガーデナー（1916） The Royal Botanic Gardens, Kew

一九一五年には、三八名の専任ガーデナーのうち二四名が女性となった。一九一八年には、二七名の女性ガーデナーが所属した。これらの数から、いかに女性ガーデナーが必要とされたかという事実がわかる。彼女たちの多くが園芸学校で専門的訓練を受けており、知識、技術、実践において、男性ガーデナーに決して劣ることはなかった。しかし、女性ガーデナーを受け入れることに否定的な見方が大半であった。そのため、女性ガーデナーたちの働きが優れていたにもかかわらず、第一次世界大戦が終わり、男性職員が戻ってくると、女性たちは解雇され、一九二二年には女性のガーデナーはゼロとなった。

第二次世界大戦中、キューガーデンズは再び危機に直面した。第一次世界大戦時と同様、男性の職員に代わり、女性が臨時に採用された。仕事は、ガーデンの維持だけでなく、第24章でも述べた、政府主導の「ザ・デッグ・フォー・ヴィクトリー（"Dig for Victory"）」キャンペーンに基づき、一般市民に、自分たちで食料を調達するために、菜園を行うことを奨励した。(15)

第二次世界大戦においても、キューガーデンズには女性ガーデナーが雇われた。(16) 一九四〇年には一四名の女性がスタッフに加わり、一九四一年にはさらに一三名の女性が雇われた。それらの女性たちのほとんどが、園芸学校などで教育と訓練を受けた専門家であった。他にも、国防女性部隊（Auxiliary Territorial Services、後のWomen's Royal Army Corps）とＷＬＡから、女性たちが送られてきた。

キューガーデンズは、一八九六年に女性ガーデナーを初めて雇って以来、女性ガーデナーを積極的に受け入れて来なかった。第一次世界大戦と第二次世界大戦において、女性ガーデナーが雇われたが、それは戦争中の緊急措置であった。ＷＬＡのランド・ガールズたちも同様であった。

キューガーデンズでは、一九五〇年代初頭になって、一年に一人か二人の女性ガーデナーを雇うようになった。そして、一九七〇年代には、女性ガーデナーの数は男性ガーデナーの数とほぼ同等になった。キューガーデンズという大英帝国の植物の要塞において、女性ガーデナーとランド・ガールズが遭遇したことは、重要な第一歩だったのだ。

注

（1）ウィメンズ・ランド・アーミーに関しては、Imperial War Museum のウェブサイト（https://www.iwm.org.uk）、Sackville-West,（*The Women's Land Army*）、Tyrer、Twinch、ウィメンズ・ランド・アーミー・アンド・ティンバー・コープス（Women's Land Army & Timber Corps）のウェブサイト（https://www.womenslandarmy.co.uk）を参照のこと。

（2）現在の組織であるＷＦＧＡ（Women's Farm and Garden Association）のウェブサイト（https://www/wfga.org.uk）を参照のこと。

（3）キャサリン・ミナ・コートールドに関しては、*Oxford Dictionary of Biography* を参照。

（4）タルボットに関しては、*Oxford Dictionary of National Biography* を参照。タルボットは、一九一八年一月から一九一八年五月まで兼行された月刊誌『ザ・ランズウーマン（*The Landswoman*）』の編集長を務めた。

（5）このポスターの出典は、Imperial War Museum, Art.IWM PST 5489, c. 1918。

（6）ウィメンズ・ランド・アーミー・アンド・ティンバー・コープスのウェブサイトを参照。

（7）このポスターの出典は、Imperial War Museum, Art. IWM PST 6078。

（8）デンマンに関しては、Huxley、*Oxford Dictionary of National Biography*, Sackville-West,（*The Women's Land Army*）、Twinch、Tyrer を参照。

（9）デンマン・コレッジは、通学生と寄宿生に開かれ、料理、工芸、音楽、技術など様々なクラスが開講された女性のための成人教育の場として創設された。その後、ＷＩのメンバー以外にも入学が許可され、さらに共学となったが、財政難のために二〇二〇年に閉校した。

（10）トマスに関しては、*The Biographical Dictionary of Women in Science: Pioneering Lives from Ancient Times to the Mid-20th Century*、*Dictionary of British and Irish Botanists and Horticulturists including Plant Collectors, Flower Painters and Garden Designers*、および *Oxford Dictionary of National Biography* を参照。

（11）サルガントは、一八八一年から一八八五年にケンブリッジ大学のガートン・コレッジに在籍し、その後植物学の研究者として認められ、ロンドン・リンネ協会に女性で初めて会員となった一人である。他の女性では、サルガントの研究者仲間であったユニヴァーシティ・コレッジ・ロンドンで学び、ロンドン大学のロイヤル・ホロウェイ・コレッジ（Royal Holloway College）で植物学を研究していたマーガレット・ジェーン・ベンソン（Margaret Jane Benson, 1859–1936）がいる。

（12）第10章でも述べたように、ベッドフォード・コレッジは、一八四九年にロンドンで女性の高等教育の場として開学された私塾だった。創設者は、社会改革者で奴隷制度反対運動の活動家であったエリザベス・ジェサー・レイドである。父親は、聖職者の家系に生まれ、鉄器商として成功する一方で、ユニテリアン教会の設立に携わり、ユニテリアンに関しての著述もあった。エリザベスは、裕福なユニテリアンの家に生まれ、医者のジョン・レイドと結婚した。夫が亡くなると、その遺産で社会福祉活動と女性高等教育の確立に邁進した。その最も有名な例が、ベッドフォード・コレッジの前身、レイディーズ・コレッジ・イン・ベッドフォード・スクエア（Ladies College in Bedford Square）である。宗派にかかわらず女性たちを受け入れた高等教育機関である。その後、より専門性が高い学校ベッドフォード・コレッジ・スクール（Bedford College School）を、一八五三年に開学した。ベッドフォード・コレッジはロンドン大学の構成コレッジとなるが、その後ロイヤル・ホロウェイ・コレッジに統合されて、ベッドフォードという名称が無くなった。リージェンツ・パークに残る旧ベッドフォード・コレッジの校舎は、現在リージェンツ・ユニヴァーシティ・ロンドンの校舎となっている。ベッドフォード・コレッジに関しては、ブリティッシュ・ヒストリー・オンライン（https://www.british-history.ac.uk、元は一九六九年に出版された *The University of London: The Constitutes Colleges*, Victoria County History, 1969）とロンドン大学ロイヤル・ホロウェイ・コレッジのウェブサイト（https://www/royalholloway.ac.uk）を参照。

（13）ハヴァガルは、一九七一年、ウォーターペリー女子園芸学校を閉校して売却する時にもそのことを述べている（Havergal を参照）。

（14）戦争中のキューガーデンズに関しては、キューガーデンズのウェブサイト（https://www.key.org）を参照。

（15）注（14）参照。

（16）第二次世界大戦中にキューガーデンズで働いた女性たちをモデルに、ポシー・ロヴェル（Posy Lovell）による小説『ザ・キューガーデンズ・ガールズ・アット・ウォー（*The Kew Gardens Girls at War*）』が、二〇二一年に出版された。

VI

二〇世紀後半から二一世紀における多様な女性ガーデナーたちの挑戦

26

一般住居のガーデンづくり
——マージェリー・フィッシュの世界観

マージェリー・フィッシュは、二〇世紀を代表するガーデンデザイナーである。[1] ウィリアム・ロビンソンやガートルード・ジーキルが推奨したコテージガーデンを、フィッシュは継承した。特に、第二次世界大戦後の復興期に彼女のデザインは流行した。ジーキルと同様、フィッシュは園芸作家としても、認められている。

フィッシュは、現在のロンドンのハックニーで、裕福な紅茶商の娘として、生まれた。クエーカーの学校に通い、秘書養成学校を卒業すると、ジャーナリストの世界に飛び込んで二〇年以上働いた。『アソシエイティッド・ニューズペイパーズ（*Associated Newspapers*）』で研鑽を積みながら、他の新聞や雑誌などに記事を書いた。そして、『デイリー・メイル

(*The Daily Mail*)』では、六人の編集長のもとで秘書として働いた。

フィッシュは、二つの世界大戦において、過激なジャーナリズムの嵐が吹き荒れるなかで、アメリカとドイツを訪問した。一九一六年には、『アソシエイティッド・ニューズペイパーズ』の創始者で新聞王と呼ばれた初代ノースクリフ子爵アルフレッド・ハームズワース（Alfed Harmsworth, 1st Viscount Northcliffe, 1865–1922）のアメリカ訪問に同行した。また、一九三七年には、『デイリー・メイル』の編集者であった夫ウォルター・フィッシュ（Walter Fish, 1874–1947）とドイツを訪問して、迫りつつある戦争の脅威を目のあたりにした。帰国すると、彼らは戦災に見舞われるかもしれないロンドンから田園地帯へ引っ越すことを決めた。そして、一九三七年に、イングランド南西部のサマセット（Somerset）に屋敷イーストラムブロック・マナー（East Lambrook Manor）を購入して、亡くなるまで住み続けた。そこで、かれらのコテージガーデンづくりが始まったのだ。一九三八年からマージョリー・フィッシュが亡くなる一九六九年までの間、この屋敷には、コテージガーデンがつくり続けられた。

ガーデンに対する考え方は、ウォルターとマージェリーの間で大きく異なっていた。ウォルターはフォーマルで、夏の間に花が咲き乱れるガーデンを好んだ。一方、マージョリーは、インフォーマルで、一年中花を楽しむことができるガーデンを目指した。このガーデンデザインを巡る二人の葛藤は、マージョリーが一九五六年に出版した『ウイ・メイド・ア・ガーデン（*We Made a Garden*）』に記されている。その葛藤は、同時に、彼らの結婚生活における葛藤でもあった。

フィッシュが本格的に独自のガーデニングに取り組んだのは、第二次世界大戦が終わり、一九四七年に夫が亡くなった後のことだった。フィッシュは、水を得た魚のように、それまで封印していたアイデアを次々と出していった。

フィッシュのコテージガーデンの特徴は、ガーデン用の植物だけでなく、ロビンソンが推奨したように、自生してきた野生の植物をガーデンに取り入れて、より自然に近い空間をつくることであった。第二次世界大戦が終結すると、人々の生活変化が顕著となっており、それはガーデンのデザインにも影響を与えた。戦後になると、大勢のガーデナーを雇い時間とお金をかけてガーデンをつくって管理することなど、ほぼ不可能になっていた。ジーキルの影響を受けてつくられたシシングハースト・カースルのコテージガーデンにも、数名のガーデナーが必要だった。それに対して、フィッシュは、一般家庭で世話することができるコテージガーデンをつくって紹介することを目指した。

園芸の専門教育も受けていなかったフィッシュは、ガーデンデザインを行っていた人々との交流を重ねることにより、自分のアイデアを確実なものとしていった。そのなかで、最も重要な人物は、ローレンス・ジョンストンやナンシー・リンジィなどであった。

ジョンストンは、グロスターシャーのチッピング・カムデン（Chipping Camden）にヒドコート・マナー・ガーデン（Hidcote Manor Garden）をつくり上げたことで知られていた。(2)また、リンジィは、第18章で述べたように、ヴィタ・サックヴィル＝ウェストとジョンストンと交流があったノラ・リンジィの一人娘で、多才でボヘミアン的な人生を歩んだ。フィッシュは、時代を先取りしていたガーデン愛好家たちと交流するなかで、彼女独自のガーデンづくりに取り組んだ。

フィッシュのガーデンにおける個性は、独自の色彩感覚と植物の選定にある。彼女は、緑色の花やシルバーの葉を好んだ。フィッシュのこのモダンな色彩感覚に加え、イギリス原産のプリムローズやスノードロップなど素朴な草花への傾倒も彼女の特徴となった。

フィッシュには、ジャーナリズムのバックグラウンドがあり、コテージガーデンに関しても、広く執筆や講演活動を行った。彼女の活動範囲は、八冊の著書、雑誌へのコラム掲載、BBCの番組出演、各地でのレクチャーなどに及んだ。

フィッシュが残した庭園を、一九八五年以来、元に戻す努力がされてきた。(3) 一九九二年にはイングリッシュ・ヘリテージの第一級として認定された。二〇一一年以降は、そこに、理論と実践に基づく園芸コースが開設されて、修了すると園芸修了書が発行される教育の場となった。また、ガーデンは、一般公開されている。フィッシュが生涯暮らした屋敷と庭園は、フィッシュの魂を感じることができる場として存続しているのだ。

27

新たな世代の女性ガーデナーの可能性

中流階級から上流階級の女性たちにとって余暇の活動の場であったガーデンは、女性が専門的に働く場となっていった。著名な作家のヴィタ・サックヴィル゠ウェストの庭は、憧れの庭となった。専門的訓練を受けずにつくりあげたジーキルやフィッシュのガーデンは、より身近な存在となった。彼女たちは、ガーデンに関する読みやすい指南書を出版したり、各地で講演会を開いたりして、多くのアマチュア園芸家の心をつかんだのだ。

また、次のジーキルやフィッシュを目指して、新たな世代の女性たちが、ガーデンデザインやガーデン・ライティングで成功することを目標とした。大学教育などの高等教育や、専門性が高い園芸教育を受けた女性たちは、ガーデンが内包する新たな空間を広げ出した。

ローズマリー・ヴェレイ（Rosemary Verey, 1918–2001）は、アマチュアガーデナーとして活動したが、一九八四年に夫が亡くなると、プロのガーデンデザイナーとして頭角を現し、一九八〇年代から一九九〇年代にかけて、多くの著作を残した。(4)

ヴェレイは、ケント州のチャタム（Chatham）で生まれ、ユニヴァーシティ・コレッジ・ロンドンを卒業した。結婚後に、夫の家族が所有するグロスターシャーのバーンズレイ・ハウス（Barsley House）に移り住んだ。この屋敷が、ヴェレイの庭づくりの舞台となる。その庭の評価は、一九七〇年に、庭を一般に公開したことに始まった。これは、ナショナル・ガーデン・スキーム（The National Garden Scheme、以下ＮＧＳ）の一環で、ヴェレイの庭は、瞬く間に知れ渡るようになる。(5) ヴェレイのガーデンデザインの特徴は、広大な公園が

ローズマリー・ヴェレイ　Photographed by Andrew Lawson in 1992

持つ要素を、小規模の個人宅の庭園に当てはめたことにある。また、キッチンガーデンを、観賞用のガーデンデザインのテクニックを用いてデザインした。

人気ガーデンデザイナーとなったヴェレイは、当時のチャールズ皇太子（現在のチャールズ三世）がグロスターシャーに所有するハイグローブ・ハウス（Highgrove House）に、ウッドガーデンをつくることをアドバイスした。このウッドガーデンは、イギリスに自生するジギタリスやスミレ、そして早春にはスノードロップの群生が咲くように、また日陰にはギボウシなどが映えるようにデザインされた。また、バークシャーのオールド・ウィンザー（Old Winsor）の由緒ある広大なウッドサイド（Woodside）は、一九七四年にミュージシャンのエルトン・ジョン（Elton John, 1947–）が購入して、それ以来、彼の私邸である。ヴェレイはその庭園のデザインのアドバイザーとなり、エルトン・ジョンと意見の違いに葛藤しながらも、ヴィタ・サックヴィル＝ウェストがシシングハースト・カースル・ガーデンでデザインしたホワイトガーデンに影響を受け、ホワイトガーデンをつくった。

現在、ヴェレイのバーンズレイ・ハウスは、スパなども創設されたホテルとレストランに変貌している。しかし、ヴェレイが一九五〇年代にデザインした庭園は残されており、彼女の足跡をたどることができる。

ヴェレイとほぼ同時代に活躍したベス・チャトー（Beth Chatto, 1923–2018）は、エッセクス州の乾燥した荒地に四季を通じて植物が生育するグラベルガーデン（gravel garden）をつくりあげることに成功した種苗業者でありガーデンデザイナーである。彼女は、「適正な植物を、適正な場所に」という信念を確固として持っていた。(6)

チャトーはエセックスで生まれ、女子グラマースクールを卒業すると、ビショップズ・ストートフォード（Beshop's Stortford）の教員養成大学ホッカーリル・コレッジ（Hockerill College）で教育を受けた。

一九四三年、植物学者で果樹農業を営むアンドリュー・チャトー（Andrew Chatto）と結婚すると、二人で庭づくりに取り組んだ。(7) 一九六〇年に、エセックスのエルムステッドマーケット（Elmstead Market）近くのホワイト・バーン・ハウス（White Barn House）に引っ越した。それ以来、チャトーは植生研究を行い、一九六七年には、自宅に隣接する果樹園だった土地で、種苗園ベス・チャトー・ガーデンズ（The Beth Chatto Gardens）を始めた。

エセックスの敷地は植物の生育が難しい荒地であったために、開墾には困難を極めた。しかし、そのハンディを生かして、チャトーは乾燥地、砂利地、湿地、森林、日陰、粘土などで植物を育てる方法、そしてロックガーデンの研究を行った。これらの成果は、チェルシー・フラワーショーにおいて、一九七七年から一〇年連続で獲得したゴールドメダルで証明された。

チャトーは、園芸の執筆活動も活発に行い、一九八〇年代後半から二一世紀初頭にかけて、前述のような特殊な環境のなかで植物生育に関する著作を多く出版した。さらに、二〇世紀を代表するガーデナーであるクリストファー・ロイド（Christopher Lloyd, 1921–2006）との交流から生まれた共著『ディア・フレンド・アンド・ガーデナー――レターズ・エクスチェンジド・ビットウィーン・ベス・チャトー・アンド・クリストファー・ロイド（*Dear Friend and Gardener: Letters Exchanged between Beth Chatto and Christopher Loyd*）』が、一九九八年に出版された。

現在、チャトーの果樹園とガーデンは、チャトーの孫娘が、新たなかたちで、ベス・チャトー・ガーデンズとして継承している。七エーカーほどの広さのガーデンは、一般公開されており、ティールーム、ギフトショップ、苗木販売などのビジネスも展開されている。特に、同園の苗床では、チャトーが収集して生育した植物が、現在でもピート不使用の堆肥で育てられて、販売されている。

チャトーにフラワーアレンジングを紹介したパメラ・アンダーウッド（Pamela Underwood, 1910–1978）は、フローリストであり、種苗園経営として成功した。(8) また、第二次世界大戦が終わり、一九五〇年代初頭からフラワーアレンジングに取り組み始めて、チャトーとともに、コルチェスター・フラワー・クラブ（Colchester Flower Club）を結成したことで知られている。

アンダーウッドは、アイルランド東部のキルデア県（County Kildare）のバリーフェア（Ballyfair）で生まれた。両親ともに男爵の爵位を持つ家系に生まれたが、両親は離婚して、それぞれ再婚をした。アンダーウッドは、ハートフォードシャー（Hertfordshire）のチェスハント・リサーチ・ステーション（Cheshunt Research Station）で農業教育を受けた。そして、一九三〇年代には、市場向け菜園経営者(market gardener)となり、主にトマトの栽培を行っていた。その後、アンダーウッドは、ナデシコ(pink)とシルバーの葉の植物(silver foliage)の栽培と販売を始め、ラムパーツ種苗園(Ramparts Nursery)を開業した。これらの植物の専門商となり、ビジネスは世界規模に成長して、アメリカ合衆国、ニュージーランドや日本にまで輸出された。このシルバーの植物に関して、アンダーウッドは、一九七一年には著書『グレーとシルバーの植物(*Grey and Silver Plants*)』を出版した。

アンダーウッドは、一九三二年に軍人と結婚するが、一九四一年に離婚して、その翌年には再婚している。そして、その再婚相手は、一九六八年に亡くなった。アンダーウッドは、三人の子供を育てながら、植物商として成功して経済的自立を果たし、彼女独自の世界をつくった。

ウォーターペリー女子園芸学校でハヴァガルの生徒だったメアリー・スピラー(Mary Spiller, 1924–2019)は、ウォーターペリー女子園芸学校が閉校した後も、ハヴァガルの後継者として、ウォーターペリー・ガーデンズを守り続けた。(9) スピラーは、ハヴァガルが目指した理論と実践が融合された園芸学の専門家となり、ウォーターペリー女子園芸学校で教えただけでなく、一九五〇年代から約六〇年間、オックスフォードシャーを中心に講演活動を行った。そして、彼女は、BBCのガーデニング番組『ガーデナーズ・ワールド（*Gardeners' World*）』に、女性ガーデナーとして初めて登場した。

スピラーは、オックスフォード大学で結晶学者だった両親のもとに、オックスフォードのカウリー（Cowley）で生まれ、そこで、九五歳で亡くなるまで暮らした。テンプル・カウリーの女子校とヘディングトン（Headington）のミルハム・フォード・スクール（Milham Ford School）で教育を受け、一九四二年、一八歳の時に、ウォーターペリー女子園芸学校に入学した。[10] 当時は、第二次世界大戦中であったため、スピラーはWLAに志願したかったが、父親がそれを許さなかった。その代わりに、ウォーターペリー女子園芸学校に入学して、園芸の世界に入って行くことになる。スピラーは、二年間、寄宿生活を送り、ハヴァガルのもとで園芸を学んだ。

その後、スピラーは、ヨークシャーからコーンウォールやウェールズまでイギリス中をまわって、ガーデナーとして研鑽を積んだ。そして、一九六三年に、ガーデナーとして、また教師とし

メアリー・スピラー　Waterperry Gardens 所蔵 Waterperry Archives

て、ウォーターペリー女子園芸学校に戻った。ガーデナーとしては、ロックガーデンを得意とした。ハヴァガルが引退すると、ウォーターペリー・ガーデンズの運営にも携わることになる。一九八〇年には、『グローイング・フルート（*Growing Fruit*）』を、一九八五年には、雑草の殲滅作戦を記した『ウィーズ、サーチ・アンド・デストロイ（*Weeds, Search and Destroy*）』という二冊の指南書を出版した。

スピラーは、シシングハースト・カースル・ガーデンの二人のヘッドガーデナーだったパメラ・スクワードとシビル・クルーツバーガーほど知られていないが、ウォーターペリー女子園芸学校が輩出した逸材であった。彼女が生涯住んだカウリーのオックスフォードロードにある家には、彼女の足跡は見当たらない。しかし、彼女自身が、生涯をかけて、園芸の普及に携わった証なのである。

キフツゲイト・コート・ガーデンズ（Kiftsgate Court Gardens）は、三代にわたり女性がつくり上げたバラで有名な庭園である。[11] 多くの由緒ある屋敷が存続の危機に陥るなかで、二〇世紀初頭から三代にわたり、女主人が庭園をつくりあげ、そして現在まで個人資産として維持され、運営されているのが、キフツゲイト・コート・ガーデンズなのである。現在でも愛されているバラ、ロサ・フィリッペ・キフツゲイト（Rosa filipes Kiftsgsate）は、キフツゲイト・コートで、バラ栽培で著名なガーデンデザイナーのグラハム・トマス（Graham Thomas, 1909–2003）が、一九五四年にキフツゲイト・コートで自生するバラから育てた品種である。伸長力に優れており、丈夫で、大輪の花を多くつけるロサ・フィリッペ・キフツゲイトは、庭園の豊かさと存続を象徴している。キフツゲイト・コートは、グロスターシャーのチッピング・カムデンに、一九世紀後半に建てられたジョージ様式の邸宅である。一九一八年にミュア夫妻に買い取られ、一九二〇年から、妻のヘザー・ミュア（Heather Muir）が現在の庭園の基礎をつくりあげた。ヘザーは、ヒドコート・マナーのローレンス・ジョンストンから助言を受けて、自然を重視した彼女独自の庭をつくった。

一九五四年に、ヘザーの娘のダイアニー・ビニー（Diany Binny）と夫が庭園を受け継いで、新たな要素を加えていった。そして、一般公開されるようになり、美しい庭として知られるようになる。しかし、ビニーが一九七四年に引退すると、キフツゲイト・コートは一九八一年まで空き家状態だった。そこに、ビニーの娘であるアン・チャンバーズ（Anne Chambers）が夫と一緒に、コテージなどの宿泊施設とティールーム、苗とギフトのショップを増設した。さらに、ウェディング、映画や写真撮影のビジネスを拡大した。

二〇世紀は、女性による新たな園芸文芸作品の出現を迎えた。それは、園芸書や指南書ではなく、植物に関する歴史や文化的側面を鋭く論ずるノンフィクションである。アナ・ペイヴォード（Anna Pavord, 1940–）は、園芸作家として活躍して、一九九九年に出版した『チューリップ（*The Tulip*）』は彼女の代表作品となった。同著は、チューリップの発見と栽培が、国を超えてヨーロッパを揺るがした「チューリップ・バブル」と呼ばれた史実を詳細に調査して記し、ベストセラーとなった。

ペイヴォードは、ウェールズのモンマスシャー（Monmouthshire）のアバーガベニー（Abergavenny）で生まれた。両親とも教育者で、自然やガーデニングを愛好した。特に父親は、校長職に就く一方で、園芸作家としても知られていた。ペイヴォードは、イングランド中部のレスター大学で、英文学を専攻する。一九六二年に大学を卒業すると、ジャーナリズムの世界に飛び込んだ。

ペイヴォードのガーデニングとの取り組みは、きわめてユニークである。一九六六年に結婚すると、テムズ川でボート生活を送り、係留所の川岸でごみを取り除いては、アイリス、プリムローズ、スノードロップ、スイセン、バラなどを植えていった。その後、ドーセット州に荒れ果てた牧師館を購入して、屋敷の改修と庭園の造園を行い、そこに三〇年間住んだ。二〇〇二年には、ドーセットに一八エーカーの敷地に建つ屋敷に移り、そこで園芸活動を続けた。子供の頃には嫌いだったガーデニングに取り組むうちに、ペイヴォードは、ガーデニングにはセラピーの効果があることに気付き、ガーデニングは彼女の人生の一部となっていった。

ペイヴォードは、自分の園芸活動から、園芸の実践的な知識や体験に関することだけでなく、園芸に秘められた歴史や文化的側面に関しても執筆を進めていった。

ペイヴォードは、大学卒業後には、コピーライターとして働いたり、ＢＢＣテレビの番組制作に関わったりした。そして、一九七〇年から、『オブザーバー（*The Observer*）』と『インデペンデント（*The Independent*）』などのメジャー新聞をはじめ、園芸や生活に関する雑誌『カントリーライフ（*Country Life*）』、『カントリーリヴィング（*Country Living*）』、『エル（*Elle*）』などにも記事を書いた。そして、一九九三年から二〇〇八年まで、『ガーデン・イラストレイテッド（*Garden Illustrated*）』の編集に従事した。さらに、ＢＢＣやチャンネル４でも、園芸や植物に関する番組作成と番組出演を行った。

ペイヴォードは、園芸と文学を融合した園芸家であり、作家である。それは、ガーデンライティングを超えた創作活動なのである。

28

女性ヘッドガーデナーの軌跡

　多くのガーデナーを抱える屋敷の庭園や公的機関――学校、大学、公園――などには、彼らを統括するヘッドガーデナーがいる。シシングハースト・カースル・ガーデンのヘッドガーデナー、パメラ・スクワードとシビル・クルーツバーガーたちのように、二〇世紀中葉になっても、女性のヘッドガーデナーは珍しい存在だった。しかし、二〇世紀後半から二一世紀になると、女性のヘッドガーデナーたちの活躍が顕著となる。彼女たちは、必ずしも自分の屋敷やガーデン、あるいは園芸会社を持っているテレビやラジオで活躍するスター的なガーデナーやガーデンデザイナーではない。彼女たちは、様々なガーデンで雇われて働き、長年の経験を積んで、ヘッドガーデナーとなったのである。

　二〇二四年、国際女性デーにちなんで、『ガーデン・イラストレイテッド』が、活躍する一二名のガーデナーズをリストアップした。北海道の「十勝千年の森」のヘッドガーデナー、新谷みどり以外は、国籍は異なるが、全員がイギリスのガーデンで働くガーデナーたちだった。[12]

それら一一人のガーデナーは、以下の通りである。

サマーセットのヘスターコム・ガーデンズ（Hestercombe Gardens）のクレア・グリーンスレイド（Claire Greenslade）
ウエストヨークシャーのヘップワース・ウェイクフィールド（Hepworth Wakefield）のヘッドガーデナー、キャテイ・メリングトン（Katy Merrington）
カンブリア州のローザー・カースル・アンド・ガーデンズ（Lowther Castle and Gardens）のアンドレア・ブルンセンドルフ（Andrea Brunsendorf）
エセックス州のベス・チャトーズ・プランツ・アンド・ガーデンズ（Beth Chatto's Plants & Gardens）のアサ・グレジャーズ＝ワーグ（Asa Gregers-Warg）
ノーサンプトンシャーのコテスブルック・ガーデンズ（Cottesbrooke Gardens）のジェンニー・バーンズ（Jenny Barns）

サセックス州のネップ・カースル・ガーデンの（Knepp Castle Garden）の副ヘッドガーデナー、スジー・ターナー（Suzi Turner）とモイ・フィアヘラー（Moy Fierheller）

イーストサセックスのグレイト・デックズター（Great Dixter）のアメリカ出身コラリー・トマス（Coralie Thomas）

ハートフォードシャーのサージヒル・プラント・ライブラリー（Serge Hill Plant Library）のミリー・サウター（Millie Souter）

ロンドンのチジック・ハウス・アンド・ガーデンズ（Chiswick House & Gardens）のロージー・ファイルズ（Rosie Fyles）

オックスフォード大学のトリニティ・コレッジ（Trinity College）のヘッドガーデナー、ケイト・バートンウッド（Kate Burtonwood）

そして、現在活躍する女性ガーデナーの多くがヘッドガーデナーの地位に就いている。

このなかで、グリーンスレイドは、ガートルード・ジーキルがつくりあげたヘスターコムの庭を継承しながらも、新たなチャレンジをしている。(13) 彼女は、ファッションとテキスタイルで学位を取り、ファッション業界でファブリックのデザイナーとして働いた。しかし、コンピュータがデザインに使われる時代に入って行くと、ファッション業界での仕事に自分の居場所が無くなることを実感した。転職の機会を模索している時に、オーガニックガーデングのコースを試しに取ってみると、そこに自分の可能性を見出した。園芸には、自分が目指したいこと、すなわち、育成、コミュニティ、食に加え、パターン、クラフト、そして色彩という実践的な要素が全て含まれていることを知る。

グリーンスレイドは、三〇年以上もの間、ナショナルトラストが管理する様々なガーデンで働いた。その長いキャリアが評価されて、ヘッドガーデナーの地位に就いたのである。

今後も、女性ガーデナーが、専門的知識と高度な技術を持ち、さらに長い経験を経て、ヘッドガーデナーへの道を切り開いていくだろう。

29 人種および性の多様性とガーデナー

プロローグでも述べたように、英国ガーデニングの世界は、白人中心であり、イングランド中心だった。そこに、非白人や、白人であってもアイルランド人やスコットランド人が介入することは、困難だった。女性に対する性差別だけでなく、ガーデニングの世界は民族差別と人種差別の温床のうえに成り立っていたのである。特に、第二次世界大戦後に旧英領から移民として渡英したブラックやアジア系の人々が対峙した人種差別によるものである。(14) 一九四八年にウィンドラッシュ号が移民たちを西インド諸島から到着したことから、一般にウィンドラッシュ世代（Windrush Generation）と呼ばれる人々とその子孫たちが、イギリスにおける人種の多様性の基礎をつくったと言われている。

園芸界における差別構造は、チェルシー・フラワーショーなど権威があるフラワーショーにおいて顕著であった。二〇一四年に公開された映画『フラワーショウ！（*Dare to Be Wild*）』は、実在するアイルランド出身の若い女性景観デザイナー、メアリー・レイノルズ（Mary Reynolds, 1874–）がモデルである。[15] アイルランドの田舎出身の若い主人公は、お金もコネクションもなく、また裏切りや偏見に対峙して、葛藤を繰り返す。しかし、理解ある植物学者やガーデナーの協力者に遭遇して、チェルシー・フラワーショーに出場が決まる。彼女は、アイルランドの自然とケルトの文化を融合した庭園で、ゴールドメダルを受賞する。実際に、レイノルズは二〇〇二年、最年少でゴールドメダルを受賞すると、キューガーデンズの庭園のデザインを依頼されるなど、スター的なガーデナーとなった。二〇一八年、彼女は、アイルランドにおいて、環境主義に基づく自然保護プログラム、ウィ・アー・ジ・アーク（We Are the Ark）を立ち上げるなどの活動にも携わっている。

レイノルズの例からもわかるように、園芸界における差別構造が塗り替えられたのは、二一世紀に入ってからである。二〇二〇年、ＲＨＳは、新しくダイヴァーシティとインクルージョンに取り組むことになった。特にＢＬＭ（Black Lives Matter）運動は、ガーデニングの世界にも大きなインパクトを与えた。男性では「ブラック・ガーデナー」を自称しているダニー・クラーク（Danny Clarke）が、現代イギリスのガーデナーのダイヴァーシティを主張している。

二〇二一年のブラック・ヒストリー・マンス（Black History Month）には、一八世紀に実在したブラックのガーデナー、ジョン・イッツムリン（John Ystumllyn, c. 1738–1786）が讃えられた。[16] 彼は、子供の時に、西アフリカから誘拐されてイギリスにわたり、北ウェールズで育てられ、地元の女性と結婚して、ガーデナーとして仕事をしたとされる。

現代の園芸界において、人種差別が明確に存在することを語るマイノリティのガーデナーたちがいる。[17] 二七歳でテレビの園芸番組を持ったジェームズ・ウォング（James Wong, 1981–）は、チェルシー・フラワーショーでは、熱帯植物のガーデンにしか興味がないと思われたこともあり、彼のガーデンが「イギリス的」だと皮肉っぽく褒められたこともあった。ウォングはボルネオ出身の父親とウェールズ出身の母親のもとに生まれ、シンガポールとマレーシアで育ち、イギリスで教育を受けた。[18] ウォングは、植物という民主的で健全と思われる世界の裏に、人種差別に基づく不平等が潜んでいるという歴史を指摘する。

マイノリティの女性は、さらに大きな壁に直面している。ブラックやアジア系の女性ガーデナーは、歴史的にも名前が出てこない。第二次世界大戦中のＷＬＡに志願したブラックの女性が、ブラックであるという理由で拒否されたという事実がある。

アフリカ系カリブ人のアメリア・キング（Amelia King, 1917–1995）は、一九一七年にロンドンのイーストエンドで生まれた。戦前、ロンドンで靴職人として働いていたが、父親と兄が英国軍で働いていたため、キングは英国への愛国心から、WLAに応募した。二六歳の時である。しかし、彼女の申請は、一九四三年に二度も却下された。その理由は、農夫たちがブラックの人間が自分たちの土地に滞在することに反対をしている、ということだった。それに対して、キングは抗議して、その抗議活動は新聞でも報道された。最終的に、WLAは彼女の申請を認めて、キングはハンプシャーのフリース・ファーム（Frith Farm）に派遣された。

キングの後を継ぐようなマイノリティの女性ガーデナーは、戦後のウィンドラッシュ世代からも出てはこなかった。しかし、二一世紀に入ると、ユニークなバックグラウンドの女性ガーデナーたちが出てくる。多様なバックグラウンドを持つブラックの女性たちは、一度就いた職業を辞めて、園芸や植物学を学び、そして新たな将来の職業としての園芸家やガーデンデザイナーを目指した。成功したブラックの女性たちは、アフリカ系、アフリカ系カリブ系などのバックグラウンドを持つ。そして、ガーデンという空間に潜む人種差別と闘いながら、彼女たちは表現者としてガーデンに賭けている。

アドヴォリー・リッチモンド（Advolly Richmond, 1961–）は、園芸作家として注目されている。彼女は、自動車産業に携わっていたが、園芸学を学ぶために、ＷＬＡの設立にも関わったウィメンズ・ファーム・アンド・ガーデン・アソシエイション（Women's Farm and Garden Association）のガーデナー養成学校を卒業すると、ブリストル大学（University of Bristol）の大学院に進み、ガーデン史で修士号を授与された。さらに、ＲＨＳ修了証明書を授与される。

リッチモンドは、ガーデン史を研究するなかで、ガーデンが持つ裏表の表象に気付く。それは、彼女自身の存在が物語るものでもあることを知る。リッチモンドは、自分自身が専門知識を持ってガーデン史を教える歴史家でありながら、実際にガーデンやガーデニングの現場に出ると、自分が唯一のブラックであることがあり、居心地の悪さを感じると述べている。[19]

リッチモンドは、ＢＢＣの『ガーデナーズ・ワールド（*Gardeners' World*）』では、ガーデン史を担当し、二〇二四年には、『ア・ショート・ヒストリー・オブ・フラワーズ（*A Short History of Flowers*）』を出版した。

アリット・アンダーソン（Arit Anderson, 1968–）は、ロンドンで、六人の子供を持つブラックのシングルマザーのもとに生まれた。二五年間、ファッション業界で、またセラピストとして働いた後、ガーデンデザイナーに転身した。二〇一〇年、アンダーソンはロンドン中心部を離れると、ケイペル・マナー・コレッジで、ガーデンデザインの勉強を始めた。

アンダーソンは、短い間にガーデンデザイナーとして数々の業績を収めた。アンダーソンは、環境に配慮し、ガーデンセラピーの効果を目指したガーデンづくりに従事してきた。二〇一三年には、チェルシー・フラワーショーに出品して、学生に贈られるＲＨＳの新人賞を受賞し、二〇一六年には、ハンプトン・コート・ガーデン・フェスティヴァルにおいて、現代の環境問題である気候変動と再生可能なエネルギーをテーマとしたコンセプトガーデンを披露して、ゴールドメダルを受賞した。

さらに、二〇二一年には、チェルシー・フラワーショーにおいて、ＢＢＣの『ジ・ワン・ショー（*The One Show*）』と『ＲＨＳガーデン・オブ・ホープ（*RHS Garden of Hope*）』を統合させたガーデンのデザインを行って、話題を呼んだ。この庭園は、園芸が人々に希望を与えることを表現している。チェルシー・フラワーショーが終わると、このガーデンはケント州にあるＮＨＳ（National Health Service）の「ローズウッド・マザー・アンド・

ベイビー・ユニット（Rosewood Mother and Baby Unit）」に寄贈された。この施設は、出産を終えた後に精神病を患った母親たちをサポートする施設である。

アンダーソンは、ＢＢＣの『ガーデナーズ・ワールド』と『ガーデン・レスキュー（*Garden Rescue*）』のプレゼンターとして活躍した。彼女の一貫した姿勢は、簡素で環境に配慮したガーデンづくりである。

また、フロ・ヘッドラム（Flo Headlam）は、二〇年以上、ダンサーとして活動し、そして慈善活動の組織で働いた。他のことを始めたいと思った彼女は、最終的に、園芸を学ぶことを決意した。[20] そして、パートタイムの学生として、ケイペル・マナー・コレッジでガーデンデザインを五年間学んだ。二〇一二年に、それまでの仕事を辞めて、ガーデナーとして生計を立て始めた。

個人の庭のガーデンデザインやメインテナンスをしながら、ヘッドラムはコミュニティガーデンの支援も行っている。サウスロンドンにある「ココ・コレクティブ（Coco Collective）」は、ブラックの人々を中心に運営されているコミュニティガーデンで、そこではカリブ海の諸島で栽培されている作物の栽培もおこなっている。その文化的背景を共有して、一緒に育てるという精神が重要だと、ヘッドラムは考えている。[21]

プロローグで紹介した元医者であるジュリエット・サージェントは、最も成功を収めているブラックの女性ガーデンデザイナーである。[22] 二〇一六年、奴隷制反対運動を表現したサージェントの『ザ・モダン・スレイヴァリー・ガーデン（*The Modern Slavery Garden*）』は、ブラックの女性ガーデナーが初めてチェルシー・フラワーショーに出品した庭園である。その作品で、サージェントは、ＲＨＳゴールドメダルを受賞した。

サージェントは、タンザニア出身の父親とイギリス人の母親のもとに、タンザニアで生まれた。彼女の両親は、父親が法律の勉強のためにロンドンに留学していた時に出会った。彼女が二歳の時にイギリスに移り、それ以来イギリスで教育を受けてきた。ロンドン大学で医学を専攻して、四年間、ＮＨＳ（National Health Service）で医者として働いた。しかし、長い間あたためていたガーデナーへの道を諦めることができずに、ケイペル・マナー・コレッジに入学して、ガーデンデザインの勉強を始めた。さらに、ミドルセックス大学（Middlesex University）で園芸学の学位を授与された。

サージェントは母親の影響を強く受けており、ガーデンは、子供時代の自由な発想、感情、そして前向きな姿勢を再生させる役割があると述べている。[23] サージェントは、医療とガーデンデザインは、両方とも人間を優先する点で、似ていると言う。[24] 精神分析学を学んだサージェントは、ガーデンやガーデニングという活動は、人間の健康に有益であることを確信している。現在は、ジュリエット・サージェント―ガーデンズ・アンド・ランドスケープス（Juliet Sargeant-Gardens & Landscapes）を立ち上げて、ウェストサセックスにガーデン愛好家のためにサセックス・ガーデン・スクールを開催している。

キューガーデンズの植物学者であるソフィ・リチャーズ（Sophie Richards）は、二〇一七年に、オックスフォード大学を生物学専攻で卒業して、二〇一九年には、クイーン・メアリー・ユニヴァーシティ・オブ・ロンドン（Queen Mary University of London）で植物分類法、生物多様性、環境保全で修士号を授与された。キューガーデンズでは、アフリカ地域、特にウガンダとモザンビークの植物保全を研究している。彼女は、アフリカ系カリブ人を先祖に持ち、イギリスの歴史を語る時には、帝国主義と奴隷制度を避けることはできないと述べている。そこには、異なる民族・人種の問題があると批判する。[25]

ロンドンの都市ガーデンに特化して活躍しているジョージア・スミス（Georgia Smith）も、アフリカ系カリブ人の先祖を持つ。彼女はジャマイカからの移民の両親のもとに生まれた。[26] 子供時代にジャマイカを訪ねた時に、祖父母がバナナ、オレンジ、アボカドを育てているガーデンを見て衝撃を受け、祖父母の土地や造園に対する情熱に感銘を受けた。

スミスも他の職に就いた後に、園芸の資格を取るために、エセックス州のリトル・ユニヴァーシティ・コレッジ（Writtle University College）で園芸学の勉強に取り組んだ。彼女は、ベス・チャトーやジェームズ・ウォングを目指す、次世代のガーデナーの一人である。彼女は、生まれた国イギリスと、先祖の国ジャマイカという二つの文化を融合していく可能性を模索している。サウスロンドンのテムズ川南岸のサウスウォークにあるベター・バンクサイド（Better Bankside）で仕事をしている。[27]

スミスは、都市の狭いスペースにおけるガーデンの可能性に注目して、ガーデンデザインを行う。そこには、生物多様性を増進することも含まれる。また、彼女は、コミュニティガーデニングに取り組み、特に女性やマイノリティの人々がガーデニングをすることを推進することを目標としている。

人種の多様性をガーデニングに追求することは、ガーデニングの基礎をつくり、発展させ、プラントハンターに植物を略奪させ、イギリス国内における品種改良や苗木栽培の普及に貢献した大英帝国の負の部分を追求することなのである。だからこそ、現代のブラックの女性ガーデナーたちが構築する世界観は、英国ガーデナーに欠落していた重要な価値観だと認める必要があるのだ。

30

分断から共生へ

——セラピーとしてのガーデニング

分断と共生の連鎖に翻弄される現代において、セラピーとしてのガーデニングはより重要となってきている。第29章で述べたアンダーソンやサージェントのように、ガーデンセラピーの重要性を主張するガーデナーが多くなっている。それは、ガーデニングが、植物や土と触れ合うことで、生きていることを実感する活動だからである。第25章で述べたように、戦争中においてもキューガーデンズが一般市民に開放されたことからもわかることだが、ガーデンは人間が非人道的な状況に置かれた時こそ、その役割を果たすのである。

ガーデンセラピーは、ガーデニングセラピー、ホーティカルチュラルセラピー、あるいやグリーンセラピー、グリーンケアとも呼ばれており、身体的障害があったり、精神的障害や病状があったり、また学習障害がある子供から大人までに対して、専門家により、治療の一環として行われている。

一九一一年に出版されたフランシス・ホジソン・バーネット（Frances Hodgson Burnett, 1849–1924）の『秘密の花園（*The Secret Garden*）』では、孤児になった主人公メアリーが、荒廃して封印されていた庭園を再生することにより、自分自身の魂の再生を体験し、それは傷ついた周囲の人々の心も変えていく。[28]

ガーデナーで精神科医のスー・スチュアート゠スミス（Sue Stuart-Smith）は、ガーデニングには、「人間の力、自然の力、さまざまな力の相互作用」が必要とされ、庭は「現実の存在」であると同様に、「心に思い浮かべる場所」であると述べている。[29]

ガーデンセラピーは、その名前ができる以前から、すでに人間にとって重要なことだったのだ。ガーデンセラピーの歴史は古く、紀元前二〇〇〇年のメソポタミアに遡る。一八世紀のヨーロッパでは実践に移した精神科の病院もあった。[30] 一九世紀には、フローレンス・ナイチンゲール（Florence Nightingale, 1820–1910）も、庭が、患者、見舞いの人、さらにそこで働くスタッフにも重要だと主張した。[31] しかし、二〇世紀中葉からは、精神疾患の治療に新薬が導入されるようになると、ガーデンセラピーを採用する例が減少した。[32] 二〇世紀後半には、その意義が再確認され、さらに二一世紀になると、精神分析学者による研究例が発表されてきた。このグリーンケア・プロジェクトは、全英で、精神科病棟、刑務所、高齢者施設、アルコールや薬物依存症医療機関などにおいて、実践されてきている。

二〇〇二年に公開された映画『グリーンフィンガーズ（*Greenfingers*）』では、刑務所の囚人たちが園芸に目覚め、ハンプトンコート・パレス・フラワーショー（Hampton Court Palace Flower Show）に出場して、特別賞を受賞する。[33] この映画は、コッツウォルズにあるレイヒル刑務所（Leyhill Prison）での実話に基づいている。この刑務所は逃亡する恐れがない囚人が収監されている、比較的オープンな刑務所で、この実話が『ニューヨーク・タイムズ（*The New York Times*）』で一九九八年に紹介された。それを知ったアメリカ人監督により、イギリスを舞台に撮影された。この撮影には、ＲＨＳと第27章で紹介したローズマリー・ヴェレイも協力した。囚人たちは、植物を育て、そしてガーデンをつくり上げることにより、同じ目標を持って協力し合う姿勢と精神性を育んでいく。まさに、ガーデンセラピーの一例なのである。

現代イギリスのガーデンセラピーの最も大きなチャリティー団体スライブ（Thrive）は、ソーシャル・セラーピューティック・ホーティカルチャー・アンド・ガーデニング（Social

Therapeutic Horticulture and Gardening）を行う実践の場であり、また研究機関でもある。[34]

一九七九年に、サマーセットのフロム（Frome）に創設されたソサエティ・オブ・ホーティカルチュラルセラピー・アンド・ルーラル・トレイニング（The Society for Horticultural Therapy and Rural Training）は、園芸家クリス・アンダーヒル（Chris Underhill）によって、創設された。大学と大学院で科学を専攻した後、ザンビアでボランティア活動に携わったアンダーヒルは、園芸と健康――特に障害者――を繋げる活動を目指した。

一九八六年、この活動を支援していた小児科医であるジェフェリー・ウダル（Geoffrey Udall）が、レディングのビーチヒル（Beech Hill）にある彼の一族の地所とガーデンを寄贈した。それ以来、その場に本部が置かれている。現在は、ロンドンのバタシーパーク（Battersea Park）とバーミンガムのキングス・ヒース・パーク（Kings Heath Park）にも支部がある。

スミスも紹介しているオックスフォードシャーのウィルコット（Wilcote）にある、ブライドウェル・ガーデンズ（Bridewell Gardens）は、寄宿プログラムもある精神回復を目指す人々のためのガーデンである。[35] そこでは、入居者は皆、ガーデナーと呼ばれる。一九九四年に設立されて以来、専門家やボランティア、そしてガーデナーズたちにより、ガーデンは、発展し続けてきた。ノットガーデンから果樹園まで、様々なガーデンがつくられてきた。それらは、積み重ねられてきたガーデンセラピーの成果の証である。

ＲＨＳの初めての専属セラピューティック・ガーデナー（therapeutic gardener）として活動を続けているオジチ・ブリュースター（Ozichi Brewster）は、自然とガーデニングが持つヒーリング力を体験することが重要だと考える。[36] 彼女は、ナイジェリア出身の両親のもと、ロンドンに生まれた。子供時代には、ナイジェリアの村で九年間自然に囲まれて過ごした体験が、彼女の原点であると述べている。

ガーデンセラピーは、性暴力やＤＶの被害者、人種差別と性差別に直面してトラウマに苦しむ女性や難民にとって、特に重要だと考えられている。

ロンドンに本部を持つウェン（Wen: Women's Environmental Network）は一九八八年に、環境活動家であるバーナデット・ヴァレイ（Bernadette Valley）が私財を投げうって設立した。[37] ウェンは、ジェンダー、ヘルス、平等、そして環境などに関わるグローバルな問題に取り組み、ジェンダー、人種、そして社会的正義を確立することを目標としている。

ウェンの活動の一つ、ソイル・シスターズ（Soil Sisters）は、ＤＶなどから逃れてきた女性たちのためのプロジェクトである。彼女たちは、宿泊施設で共同生活を送りながら、ガーデンをつくることにより、体を動かし、精神的な安定を得て、人間関係を構築し、同時に菜園の技術を習得していく。また、生産された野菜で料理をしたり、ハーブからは化粧品をつくったりすることにより、自然に基づく創造活動に携わる。これらの活動によって、女性たちは、自分自身の心と体を自己管理できるようになっていくのである。

詩人でガーデナーでもあるアリス・オズワルド（Alice Oswald, 1966–）は、一九九六年に初めての詩集を出版するまで、七年間ガーデナーとして働いたことが、彼女の詩作に大きな影響を与えたと述べている。[38] 二〇〇二年に出版された第二作の詩集『ダート（*Dart*）』では、彼女がデヴォン州のダーティントン・ホール (Dartington Hall) でガーデナーとして働いていた時の体験をもとに、ダート川周辺の歴史、環境、コミュニティ、そして人々の暮らしが描かれている。[39] ガーデナーであることと詩人であることは、彼女にとって、同じ創造活動であるのだ。

ガーデニングが持つ力は、自然とともに歩むことにより、傷ついた精神を回復し、人間の尊厳を取り戻し、それが新たな創造の源となる。ガーデンセラピーは、分断の時代にこそ、必要不可欠な活動なのである。

注

(1) フィッシュに関しては、Chievers and Woloszynska、*Oxford Dictionary of National Biography* を参照。

(2) ヒドコート・マナー・ガーデンに関しては、ナショナルトラストのウェブサイト (https://www/nationaltrust.org.uk)、Sackville-West, *Hidcote Manor House* を参照。

(3) 現在のエーストラムブロック・マナー・ガーデンズに関しては、ウェブサイト (https://www.eastlambrook.com) を参照。

(4) ヴェレイに関しては、Barbara Robinson を参照。

(5) NGSは、一九二七年にリヴァプールの実業家により創設された。個人が誇るガーデンを一般公開して、少しの入場料を募り、その収益を看護師養成のためにあてた慈善事業であった。現在まで、イングランド、ウェールズ、北アイルランドで行われてきた一般家庭のガーデンを公開するプログラムで知られている。毎年、『ザ・ガーデン・ヴィジターズ・ハンドブック (*The Garden Visitor's Handbook*)』が出版され、公開される個人宅などの情報が掲載される。

(6) チャトーに関しては、Horwood, *Beth Chatto* を参照。

(7) チャトーの夫であるアンドリュー・チャトーは、一八七三年に創設された出版社チャトー・アンド・ウィンダス (Chatto and Windus) の創設者の孫として生まれたが、果樹農業への道に進み、生涯、生態学に興味を抱き続けた。

(8) アンダーウッドに関しては、Horwood, *Gardening Women* と *Oxford Dictionary of National Biography* を参照。

(9) ウォーターペリー女子園芸学校の閉校とスピラーに関しては、Ursula, pp. 146–51 を参照。

(10) スピラーの経歴に関しては、Indya Clayton, "Obituary:

First Female Presenter of Gardener's World Mary Spiller Dies at 95," *Oxford Mail*, 7 Nov. 2019（https://www.oxfordmail.co.uk）と Spiller, Interview を参照。

（11）キフツゲイト・コート・ガーデンズに関しては、Berrigate とウェブサイト（https://www/kiftsgate.co.uk）を参照。

（12）一二人のトップ女性ヘッドガーデナーに関しては、*Garden Illustrated* のウェブサイト（https;//www.gardenillustrated.com）を参照。

（13）グリーンスレイドに関しては、ヘスターコム・ガーデンズのウェブサイト（https://www.hestercombe.com）を参照。

（14）現在の英国において、政府が分類する人種カテゴリーには、白人、ブラック、そしてアジア系という名称が使われているため、ここではアフリカにルーツを持つ人々のことをブラックと表記する。また、アフリカから直接渡英した人々と、アフリカから奴隷として西インド諸島に連れて来られてそこから渡英した人々とを区別するために、アフリカ大陸出身者をアフリカ系、西インド諸島出身でアフリカ系の人々をアフリカ系カリブ人（あるいアフリカ系カリブ系）と表記する。

（15）*Dare to Be Wild*, directed by Vivienne De Courcy, Crockworks, 2014.

（16）"Black History Month," *The Gardens Trust*, 4 10 2021（https://thegardenstrust.org）を参照。

（17）Nazia Parveen, "Kew Gardens Director Hits Back at Claims It is 'Growing Woke,'" *The Guardian*, 18 March 2011（https://www.theguardian.com).

（18）ウォングに関しては、ウェブサイト（https://www.jameswong.co.uk）を参照。

（19）注（17）の Nazia Parveen を参照。

（20）ヘッドラムに関しては、ウェブサイト（https://floheadlamgardens.com）　と "Flo Headlam: Arts and Gardens Interview, October 2917," *Arts and Gardens*（https://artsandgardens.org）を参照。

（21）Mollie Brown, "Flo Headlam—Garden Designer & TV Presenter," *Horticulture Magazine*, 8 June 2023（hppps://

horticulture.co.uk）を参照。

（22）クラークはジャマイカ出身の移民の家庭にオックスフォードで生まれのガーデナーである。詳しくはクラークのウェブサイト（https://theblackgardener.co.uk）を参照。サージェントに関しては、ジュリエット・サージェント―ガーデンズ・アンド・ランドスケープスのウェブサイト（https://www.julietsargeant.com）を参照。

（23）インタビュー記事、“Juliet Sargeant: Arts and Gardens Interview, July 2017,” *Arts and Gardens* のウェブサイト（https;//artsandgardens.org）を参照。

（24）“Interview with Juliet Sargeant, Garden Designer,” *PlantNetword Podcasts*, 21 Jan. 2021.

（25）注（17）の Nazia Parveen を参照。

（26）ジョージア・スミスは、前述の『ガーデンズ・イラストレイテッド』が二〇二四年に選んだトップ一二名の女性ヘッドガーデナーに選ばれている。スミスに関しては、*Gardens Illustrated*, 25 Aug. 2022（https://www.gardensillustrated.com）を参照。

（27）ベター・バンクサイドに関しては、ウェブサイト（https://www.betterbankside. co.uk）を参照。

（28）Frances Hodgson Burnett, *The Secret Garden* を参照。

（29）スチュアート＝スミス、二六五頁。

（30）スチュアート＝スミスを参照。

（31）Richard Thompson, “Gardening for Health: A Regular Dose of Gardening,” *Clinical Medicine*, 18.3, 2018, pp. 201–05（https://www.ncbi.nlm.gov.）を参照。

（32）スチュアート＝スミス、四六－四九頁を参照。スチュアート＝スミスは、U.K. Stigsdotter, et al, “Efficacy of Nature-Based Therapy for Individuals with Stress-Related Illness: Randomised Controlled Trial,” *The British Journal of Psychiatry*, 213.1, 2018, pp. 404–11 を紹介している。

（33）*Greenfingers*, directed by Joel Hershman, Winchester Films, 2000 を参照。

（34）スライブに関しては、ウェブサイト（https;//www.thrive.org.uk）を参照。

（35）ブラッドウェルズ・ガーデンズに関しては、スチュアート＝スミス、四九－五一頁とウェブサイト（https://www.bridewellgardens.org）を参照。

（36）Jo Rohman-Johnson, "The Therapeutic Gardener," *RHS*、ウェブサイト（https://www.rhs.org.uk）を参照。

（37）ウェンに関しては、ウェブサイト（https://www.wen.org.uk）を参照。

（38）オズワルドは、貴族の家系に生まれ、オックスフォード大学のニュー・コレッジ（New College）で英文学を専攻した。一九九六年から二〇二〇年までに、九冊の詩集を出版して、数々の賞を受賞している。二〇一九年から二〇二三年まで、オックスフォード・プロフェッサー・オブ・ポエトリー（Oxford Professor of Poetry）に地位に就いた。

（39）Oswald, *Dart* を参照。

エピローグ

二〇世紀を代表する推理小説家アガサ・クリスティ（Agatha Christie, 1891–1976）のミス・マープルシリーズに、一九五六年に発表された「グリーンショウ氏の阿房宮（"Greenshaw's Folly"）」という短編小説がある。後に、ポアロ・シリーズの『グリーンショア阿房宮（*Greenshore Folly*）』に書き直された作品である。第二次世界大戦後のイギリス社会を描いたこの作品には、ガーデンを巡る秘話が描かれている。

短編小説では、ミス・マープルが旧知の仲であるグリーンショウ屋敷の女主人を、秘書に推薦する女性とその子供を連れて、訪れる。その女性は夫の暴力から逃れて、離婚し自立することを考えていた。屋敷の女主人は、庭園で薬草を育て、薬草研究に人生を捧げている変わり者である。彼女は、相続をめぐる陰謀により、皮肉にも自分が作った目薬で殺されてしまう。一方で、屋敷で雇われているガーデナーは、孤児で前科者であり、屋敷の中では誰にも顧みられない。しかし、彼は、心優しい若者で、しかも教会の牧師が屋敷から盗んだ調度品を、こっそりもとに戻し続けていたことがわかる。彼は、良心と正義感を持つ若者なのである。最後に、遺言書により、彼こそが女主人の息子であることが判明して、彼がグリーンショウを相続することになるのだ。

この短編小説には、女性とガーデン、女性と薬草、そして女主人とガーデナーなど様々なテーマが、散りばめられている。それは、イギリスの読者にとっては、なじみがある話題でもある。戦後の復興期、イギリス社会が変わろうとしている時に、伝統に縛られた古い屋敷と庭園が、新しい主人を持つのである。

イギリスでは、園芸は、裕福な人々の趣味であった。そして、ガーデナーは、長らく、社会的地位が低く、低賃金で、労働者階級の男性が従事する職種だった。長い歴史の中で二一世紀には、専門の知識と技術を習得した女性のヘッドガーデナーが、次々に誕生することなど、誰も想像しなかっただろう。

オックスフォード滞在中には、オックスフォード大学の各コレッジには、女性のヘッドガーデナーがいることを知る。第28章で紹介したトリニティ・コレッジのヘッドガーデナー、ケイト・バートンウッド以外に、マートン・コレッジのルシル・セイヴァン（Lucille Savin）やレイディ・マーガレット・ホールのケイト・ハント（Kate Hunt）などである。彼女たちは、園芸を専門的に学び、様々な庭園で経験を積んだ後に、ヘッドガーデナーの地位に就いた。男性中心のオックスフォード大学で、しかも男性中心のガーデナーの世界で、女性たちがプロの園芸家として活躍しているのである。それは、オックスフォード大学の女性教員と同様、ジェンダーの壁を越えた女性たちの姿なのである。

本書は専門書であるが、英語圏文化を学ぶ若い人たちや一般読者のために、専門的な表記や引用は避けた。最後に、参考文献リストをあげた。リストは、基本的にはＭＬＡ書式の最新版に基づいているが、事典、辞書、およびウェブサイトなどに関しては注において略式で記すのみとした。また、英語表記に関しては、必要と思われるものに限った。本文のなかの人名には、英語原名と生没年を記したが、不明のものは無記入とした。英語名の日本語カナ表記に関しては、イギリス発音に基づきできるだけ正確に記すことを心掛けたが、間違いがあるかもしれないことをご了承いただきたい。

資料を収集する上で、二〇二三年の八月末から九月初旬には、イギリスにおいてリサーチを四年ぶりに再開することが可能となった。在外研究から帰国して半年後に、新型コロナウイルス感染拡大で渡英ができなくなっていたのである。四年ぶりの渡英で、ロンドンの大英図書館（British Library）とオックスフォード大学のボドリアン図書館（Bodleian Libraries, University of Oxford）では図書カードを再発行していただき、貴重な資料を閲覧することができた。残念なことに、二〇二三年一〇月に大英図書館がサイバー攻撃を受けて以来、大英図書館での資料収集はほぼ不可能となり、その影響で、ボドリアン図書館においても電子資料の閲覧が一部できなくなった。

しかし、二〇二四年二月末から三月初旬には、オックスフォード大学ボドリアン図書館、オックスフォードシャー・ヒストリー・センター（Oxfordshire History Centre）、およびウォーターペリー・ガーデンズ（Waterperry Gardens）においてリサーチを行うことができた。オックスフォード大学では、マートン・コレッジとリンカーン・コレッジの図書館においても、貴重図書の閲覧を許された。さらに、二〇二四年八月末から九月初旬には、オックスフォード大学ボドリアン図書館、ウォータペリー・ガーデンズ、オックスフォードシャー・ヒストリー・センターに加え、オックスフォード大学のクライストチャーチ図書館とレディング大学付属ザ・ミュージアム・オブ・イングリッシュ・ルーラル・ライフにおいて、リサーチを行うことができた。各図書館や博物館のスタッフの方々には大変お世話になり、心より感謝致します。

イギリスでは著作権保護が厳しく掲載したい写真や絵画を一部しか掲載することができず、残念であった。本著に写真の掲載を許可してくださった写真家アンドリュー・ローソン（Andrew Lawson）氏、The Royal Botanic Gardens, Kew、そしてWaterperry Gardensに心より感謝致します。

二〇二四年八月二四日には、オックスフォード大学サイード・ビジネス・スクールで開催されたThe 8th International Academic Conference on Reserch in Social Sciencesにおいて、論文"A Pair of Beatrix and Avice: Women Horticulturists in Waterperry"を口頭発表した。同論文の一部は本著の第13章に収めた。

本著を執筆するきっかけとなったウォターーペリー・ガーデンズには、二〇二四年二月二二日と同年八月二二日に、二度訪問させていただき、現在ウォーターーペリー・ガーデンズの管理責任者（Horticultural Manager）をされているロバート・ジェイコブ（Robert Jacob）氏と面談をすることができた。

初めてウォターーペリー・ガーデンズを訪れた二月二二日は、朝から稀に見る大嵐だった。私はオックスフォードからバスに乗り、ウォーターーペリー近くのウォーターーストックターンのバス停で降りると、そこから暴風雨のなかゴルフコース横の農家のフットパスを通り、氾濫寸前のテムズ川にかかるボウブリッジを渡り、ウォーターペリー・ガーデンズを目指した。そして、ウォーターペリー・ガーデンズの端っこに到達した時には、全身ずぶ濡れだった。その私を、温かいティーでもてなしてくださったジェイコブ氏、びしょびしょのコートを乾かしてくださったティールームのスタッフの方々、また私の訪問のアレンジをしてくださったサイモン・ブッチャナン（Simonn Buchanan）氏、ウォーターペリー・アーカイブの閲覧を助けてくださったスタッフの方々には、心より感謝します。そのなかで、特に、メアリー・スピラーの弟子でもあるロバート・ジェイコブ氏には、二度にわたり快くインタビューに応じてくださり、また貴重なウォーターペリー・アーカイブの資料を閲覧させてくださり、さらにメイルでのやりとりでコピーライトに関する質問にも敏速に答えてくださったことに、心より感謝致します。

最後となりましたが、本書を出版するにあたり、前二作『イギリス湖水地方　ピーターラビットの野の花めぐり』と『イギリス湖水地方　ピーターラビットのガーデンフラワー日記』と同様、大変お世話になった春風社の岡田幸一氏には、心からの感謝を申し上げます。

参考文献

（英文、邦文とも、著者の姓のアルファベット順）

◆邦文および和訳

安達まみ『イギリス演劇における修道女像——宗教改革からシェイクスピアまで』岩波書店、2017年。

赤川裕『イギリス庭園物語』南雲堂、2003年。

安藤聡『英国庭園を読む』彩流社、2011年。

安西信一『イギリス風景式庭園の美学：〈開かれた庭〉のパラドックス』2000年、東京大学出版会、2020年。

東信、椎木俊介『植物図鑑4』青幻社、2019年。

バーガー、テレサ『女性たちが創ったキリスト教の伝統』廣瀬和代、廣瀬典生訳、明石書店、2011年。

バターワース、ジェイミー編『世界で楽しまれている五〇の園芸植物図鑑』上原ゆう子訳、原書房、2021年。

ブリッケル、クリストファー編『新・花と植物百科』塚本洋太郎監訳、角川書店、2001年。

ブリセッティ、レベッカ・W・アットウォーター『ハーブガーデン』志門君子訳、Parco、1998年。

コーツ、アリス・M『花の西洋史事典』白幡洋三郎・白幡節子訳、八坂書房、2008年。

——『プラントハンター東洋を駆ける——日本と中国に植物を求めて』遠山茂樹訳、八坂書房、2007年。

エドワーズ、アンバー『プラント・ハンティングの歴史百科——44の植物の発祥と伝搬の物語』美修かおり訳、原書房、2022年。

エイネン、エーディット『西洋中世の女たち』阿部謹也、泉真樹子訳、人文書院、1992年。

船山信次『禁断の植物園』山と渓谷社、2022年。

芳賀日出男『ヨーロッパ古層の異人たち：祝祭と信仰』東京書籍、2003年。

ヘルペル、ガブリエラ、ペーター・ゼーヴァルト編『修道院の食卓——心と体においしい秘伝レシピ52』島田道子訳、創元社、2010年。

ヘルツカ、ゴトフリート、ヴィガート・シュトレーロフ『聖ヒルデガルトの治療学：中世ドイツの薬草学の祖が説く心と魂の療法』飯嶋慶子訳、フレグランスジャーナル社、2013年。

飯田操『ガーデニングとイギリス人――「園芸大国」はいかにしてつくられたか』大修館書店、2016年。

石井美樹子『イギリス中世の女たち』大修館書店、1997年。

カイトリー、チャールズ『イギリス祭事・民俗事典』澁谷勉訳、大修館書店、1992年。

――『イギリス歳時暦』澁谷勉訳、大修館書店、1995年。

河村錠一郎『イギリスの美、日本の美――ラファエル前派と漱石、ビアズリーと北斎』東信堂、2021年。

河野芳英『ピーターラビットの世界へ：ビアトリクス・ポターのすべて』河出書房新社、2016年。

川島昭夫『植物園の世紀；イギリス帝国の植物政策』共和国、2020年。

――『植物と市民の文化』山川出版社、1999年。

キングドン‐ウォード、フランク『植物巡礼――プラント・ハンターの回想――』塚谷裕一訳、岩波書店、1999年。

金城盛紀『花のイギリス文学』研究社、1997年。

――『シェイクスピア花苑』世界思想社、1990年。

北野佐久子『ビアトリクス・ポターを訪ねるイギリス湖水地方の旅――ピーターラビットの故郷をめぐって』大修館書店、2013年。

今野國雄『修道院：祈り・禁欲・労働の源流』岩波書店、1981年。

クウェイヴ、カサンドラ‐リア『薬草ハンター、世界をゆく――義足の女性民族植物学者、新たな薬を求めて』駒木令訳、原書房、2022年。

桑木野幸司『ルネサンス庭園の精神史：権力と知と美のメディア空間』白水社、2019年。

三谷康之『事典イギリスの民家と庭文化――英文学の背景を知る』日外アソシエーツ、2021年。

宮北惠子、平林美都子『イギリス祭事カレンダー：歴史の今を歩く』彩流社、2006年。

森洋子『ブリューゲルと季節画の世界』岩波書店、2022年。

森本矗『中世英国修道院の経済生活：ダラム司教座聖堂付属修道院の場合』晃洋書房、1990年。

――『修道院の物資調達と市場：ダラム司教座聖堂付属修道院の場合』晃洋書房、1983年。

中村浩『園芸植物名の由来』東京書籍、1981年。

――『植物名の由来』東京書籍、1980年。

中尾真理『英国式庭園：自然は曲線を好まない』講談社、1999年。

中山理『イギリス庭園の文化史：夢の楽園と癒しの庭園』大修館書店、2003年。

野田浩資、飯嶋慶子『中世修道院の食卓――聖女ヒルデガルトに学ぶ、現代に活きる薬草学とレシピ』誠文堂新光社、2022年。

ニューマン、バーバラ『ヒルデガルト・フォン・ビンゲン：女性的なるものの神学』村本詔司訳、新水社、1999年。

ヌルミネン、マルヨ・T『才女の歴史――古代から啓蒙時代までの諸学のミューズたち』日暮雅通訳、東洋書林、2016年。

小田友弥『ワーズワスと湖水地方案内の伝統』法政大学出版局、2021年。

パウア、アイリーン『中世の女たち』中森義宗、阿部素子訳、思索社、1977年。

ペルト、ジャン=マリー『フローラの十二か月：植物・祝祭・物語』尾崎昭美訳、工作舎、1997年。

ラムサム、アーサー『ロンドンのボヘミアン』神宮輝夫訳、白水社、2000年。

ラスムッセン、S. E.『ロンドン物語――その都市と建築の歴史』兼田啓一訳、中央公論美術出版、1987年。

レオン、エレイン『英国レシピと暮らしの文化史――家庭医学、科学、日常生活の知恵』村山美雪訳、原書房、2020年。

千足伸行監修『すぐわかるギリシア・ローマ神話の絵画』東京美術、2006年。

シモンズ、モンク他著『世界薬用植物図鑑――イギリス王立植物園キューガーデン版』柴田譲治訳、原書房、2020年。

塩路有子『英国カントリーサイドの民族誌；イングリッシュネスの創造と文化遺産』明石書店、2003年。

白幡洋三郎『プラントハンター』講談社、2005年。

シュトレーロフ、ヴィガート『ヒルデガルトの宝石療法：修道院治療学の宝石23種と薬用ハーブ』畑澤裕子訳、フレグランスジャーナル社、2013年。

スキナー、C・M『花の神話伝説事典』垂水雄二・福屋正修訳、八坂書房、2016年。

スミソニアン協会、キュー王立植物園監修『FLORA図鑑植物の世界』塚谷裕一監訳、東京書籍、2019年。

スチュアート=スミス、スー『庭仕事の真髄――老い・病・トラウマ・孤独を癒す庭』和田佐規子訳、築地書館、2021年。

田中美保子・安藤聡編『ルーシー・ボストン――館の魔法に魅せられた芸術家』国書刊行会、2022年。

田中雅一編『女神：聖と性の人類学』平凡社、1998年。

高橋守、『行ってみたい英国庭園——その歴史と各国を旅する』東京書籍、2004年。

種村季弘『ビンゲンのヒルデガルトの世界』青土社、1994年。

丹羽隆子『ローマ神話：西欧文化の源流から』大修館書店、1989年。

テリー、ヘンリー『イギリス野の花図鑑』海野弘解説、森ゆみ訳、パイインターナショナル、2018年。

トロティニョン・エリザベート『ちいさな手のひら事典薬草』新田理恵監修、ダコスタ吉村花子訳、グラフィック社、2021年。

トンプソン、アンディ『イギリスの美しい樹木——魅力あふれる自生の森』山田美明訳、創元社、2014年。

遠山茂樹『森と庭園の英国史』文藝春秋、2002年。

辻丸純一『ピーターラビットのすべて：ビアトリクス・ポターと英国を旅する』河野芳英監修、小学館、2016年。

植田重雄『ヨーロッパの祭と伝承』講談社、1999年。

臼井雅美『ビアトリクス・ポターの謎を解く』英宝社、2019年。

——『イギリス湖水地方　ピーターラビットのガーデンフラワー日記』春風社、2024年。

山田晴美『ギリシャ・ローマ神話と栽培植物の属名』明文書房、1979年。

ヴァルテール、フィリップ『中世の祝祭——伝説・神話・起源』渡邉浩司、渡邉裕美子訳、原書房、2007年。

◆**英文**

Adams, C. R., K. M. Bamford, and M. P. Early. *Principles of Horticulture*. Heinemann, 1984.
Allen, Louis, and Timothy Walker. *The University of Oxford Botanic Garden*. U of Oxford Botanic Garden, 1995.
Anand, Sushila. *Daisy: The Life and Loves of the Countess of Warwick*. Piatkus Books, 2008.
Anderson, E.B., Margery Fish, A.P.Balfour, Michael Wallis, and Valerie Finns. *The Oxford Book of Garden Flowers*. Oxford UP, 1968.
Ashbee, C. R. *An Endeavour towards the Teaching of John Ruskin and William Morris*. Folcroft Library Editions, 1973.
Augspach, Elizabeth A. *The Garden as Woman's Space in Twelfth- and*

Thirteenth-Century Literature. Edwin Mellen Press, 2004.

Baigent, Elizabeth, and Ben Cowell, eds.*'Nobler Imaginings and Mightier Struggles': Octavia Hill, Social Activism and the Remaking of British Society*. Institute of Historical Research, U of London, 2016.

Bailes, Melissa. "Women, Gardens, and Solitude in Eighteenth-Century Britain." *The Eighteenth Century*, vol. 57, no. 4, 2016, pp. 537–41.

Bain, Rowan. *William Morris's Flowers*. Thames & Hudson, 2019.

Barnett, Samuel, and Henrietta Barnett. *Practicable Socialism: Essays on Social Reform*. 1888. Longmans, 1894.

Batey, Mavis. *Oxford Gardens: The University's Influence on Garden History*. Scolar Press, 1982.

Bea, Howe. *Lady with Green Fingers: The Life of Jane Loudon*. Country Life, 1961.

Bending, Stephen. *Green Retreats: Women, Gardens and Eighteenth-Century Culture*. Cambridge UP, 2013.

Berridage, Vanessa. *Kiftsgate Court Gardens: Three Generations of Women Gardeners*. Merrell Publishers Limited, 2019.

Bisgrove, Richard. *The Garden of Gertrude Jekyll*. U of California P, 2000.

——. *William Robinson: The Wild Gardener*. Frances Lincoln, 2008.

Blakesley, Rosalind P. *The Arts and Crafts Movement*. 2006. Phaidon, 2009.

Blunt, Winifrid, and William T. Stern. *The Art of Botanical Illustrations*. Antique Collector's Club, the Royal Botanical Gardens, Kew, 2000.

Brittain, Vera. *The Women at Oxford: A Fragment of History*. Harrap, 1960.

Brockliss, L. W. B. *The University of Oxford: A History*. Oxford UP, 2016.

Brockway, Lucile. *Science and Colonial Expansion: The Role of the British Royal Botanic Gardens*. Academic Press, 1979.

Brown, Jane. The *English Garden: Through the 20th Century*. Garden Art Press, 1999.

——. *Sissinghurst: Portrait of a Garden*. Harry N Abrams, 1990.

——. *Vita's Other World: A Gardening Biography of V. Sackville-West*. Viking, 1985.

Brown, Mike. *Evacuees: Evacuation in Wartime Britain 1939–1945*. Sutton Publishing, 2000.

Bryant, Margaret E. *The Unexpected Revolution: A Study in the History of the*

Education of Women and Girls in the Nineteenth Century. U of London, Institute of Education, 1979.

Buchan, Ursula, Anna Pavord, and Brent Elliot. *Garden People: The Photographs of Valerie Finns and the Golden Age of Gardening*. Thames & Hudson, 2007.

Burnet, Frances Hodgson. *The Secret Garden*. Frederick A. Srokes, 1911.

Callen, Anthea. *Angels in the Studio: Women in the Arts and Crafts Movement 1870–1914*. Astragal Books, 1979.

——. *Women Artists of the Arts and Crafts Movement, 1870–1914*. Pantheon Books, 1979.

Carpenter, Stephanie A. *On the Farm Front: The Women's Land Army in World War II*. Northern Illinois UP, 2003.

Cecil, Evelyn. *London Parks and Gardens*. A Constable, 1907.

Chivers, Susan, and Suzanne Woloszynska. *The Cottage Garden: Margery Fish at East Lambrook Manor*. John Murray, 1990.

Clark, Ethne. *Hidcote: The Making of a Garden*. 1989. Norton, 2009.

Clark, Timothy. *Margery Fish: Country Gardening*. Ass Pub Group, 2000.

Coxhead, Elizabeth. *One Woman's Garden*. J.M.Dent & Sons, 1971.

Critchley, Laurie. *A Glimpse of Garden: Women Writing on Gardens*. Women's Press, 1996.

Crowe, Andrew. *The Parks and Woodlands of London*. Fourth Estate, 1987.

Danby, Nell. *A History of Women's Lives in Oxford*. Pen & Sword, 2019.

Davison, Fiona. *An Almost Impossible Thing: The Radical Lives of Britain's Pioneering Women Gardeners*. Little Toller, 2023.

Desmond, Ray. *The History of the Royal Botanic Gardens, Kew*. Kew Publishing, 2007.

Dickson, Walter B., and Jane Loudon. *Poultry: Their Breeding, Rearing Diseases, and General Management, with Corrections and Additions by Mrs. Loudon*. Henry G. Bohn,1853.

Donington, Katie, and Jon Stobart. *Cultivating the World: English Country House Gardens, 'Exotic' Plants and Elite Women Collections, c. 1690–1800*. UCL Press, 2023.

Dunn, Jon. *Orchid Summer: In Search of the Wildest Flowers of the British Isles*. Bloomsbury Publishing, 2018.

Earle, Maria Theresa. *Memoirs and Memories*. 1911. Cambridge UP, 2015.
——. *Pot-Pourri from a Surrey Garden*. 1898. Smith, Elder, 1997.
Eberle, Owona. *Eve with a Space: Women, Gardens, and Literature in the Nineteenth Century*. Grin, 2011.
Edwards, Joan. *Gertrude Jekyll: Before the Roots, the Garden and the Portrait*. Bayford Books, 1993.
Elliott, Brent. *The Royal Horticultural Society: A History 1804–2004*. Phillimore, 2004.
Farley-Brown, Rebecca. *Guide to Flowers of Walks and Waysides*. Field Studies Council, 2017.
Fieldhouse, Roger. *A History of Modern British Adult Education*. NIACE, 1996.
Fish, Margery. *An All the Year Garden*. 1966. Batsford, 2001.
——. *Carefree Gardening*. 1966. Faber & Faber, 1989.
——. *Cottage Garden Flowers*. 1961. Batsford, 2016.
——. *Flower for Every Day*. 1958. Faber & Faber, 1981.
——. *Gardening in the Shade*. 1964. Batsford, 2000.
——. *Gardening on Clay and Lime*. David & Charles, 1970.
——. *Ground Cover Plants*. 1963. Faber & Faber, 1980.
——. *We Made a Garden*. Sagepress, 1995.
Folly, Roger Roland Westwell. *Commercial Horticulture in Britain*. Wye College, Department of Agriculture Economics, 1960.
Fuller, Rodney. *Pansies, Violas, Violettas: The Complete Guide*. Crowood Press, 1991.
Greensted, Mary. *The Arts and Crafts Movement in Britain*. Shire, 2010.
Griffiths, Fiona J. *The Garden of Delights: Reform and Renaissance for Women in the Twelfth Century*. U of Pennsylvania P, 2007.
Hadfield, Miles. *A History of British Gardening*. 1960. John Murray, 1979.
Haller, Rebecca, and Christine Locastro Cara, eds. *Horticultural Therapy Methods: Making Connections in Health, Care, Human Service, and Community Programs*. CRC Press, 2016.
Havergal, Beatrix. Interview. Conducted by Joan Shuter. *BBC Radio Oxford*. 23 May 1971.
Hayward, Allyon. *Noah Lindsay: The Life and Art of a Garden Designer*. Frances Lincoln, 2007.

Hessayon, D. G. *The Armchair Book of the Garden*. Pbi Publications, 1986.

Hickman, Clare. *The Doctor's Garden: Medicine, Science and Horticulture in Britain*. Yale UP, 2021.

Horticultural School for Women First Annual Report for Seven Months Ending January 9, 1871. Macomber, Sexton, 1871.

Horwood, Catherine. *Beth Chatto: A Life with Plants*. Pimpernel Press, 2019.

——. *Gardening Women: Their Stories from 1600 to the Present*. Virago, 2020.

——. *Women and Their Gardens: A History from the Elizabethan Era to Today*. Chicago Review Press, 2012.

Howcroft, Heidi. *First Ladies of Gardening*. Frances Lincoln, 2015.

Howe, Bea. *Lady with Green Fingers: The Life of Jane Loudon*. Country Life, 1961.

Hoyle, Gwynith. *Flowers in the Snow: The Life of Isobel Wylie Hutchison*. U of Nebraska P, 2001.

Humphreys, Robert. *Poor Relief and Charity, 1869–1945: The London Charity Organization Society*. Palgrave, 2001.

Hurtwood, Lady Allen, and Susan Jellicoe. *The New Small Garden*. The Architectural Press, 1956.

——. *The Things We See: Gardens*. Penguin, 1953.

Hutchinson, John. *British Wild Flowers*. Penguin, 1955.

Huxley, Gervas. *Lady Denman, G.B.E.* Chatto & Windus, 1961.

Ikin, Caroline. *The Victorian Gardener*. Shire, 2014.

Inkwright, Fez. *Folk Magic and Healing: An Unusual History of Everyday Plants*. Liminal 11, 2021.

Jekyll, Gertrude. *The Beauties of a Cottage Garden*. Penguin, 2009.

——. *Old English Household Life: Some Account of Cottage Objects and Country Folk*. Batsford, 1925.

——. *Wood and Garden*. Longmans, 1899.

Jellicoe, Geoffrey, and Susan Geoffrey, eds. *The Oxford Companion to Gardens*. Oxford UP, 1986.

Jellicoe, Susan, and Geoffrey Jellicoe. *Modern Private Garden*. Abelard-Schuman, 1968.

Jellicoe, Susan, and Marjory Allen. *Town Gardens to Live In*. Penguin, 1977.

Johnson, C. Pierpoint. *British Wild Flowers*. Wordsworth Editions, 1989.

Jonson, Sophie Orne. *Every Woman Her Own Flower Gardener: A Gandy Manual of Flower Gardening for Ladies*. H.T.Williams, 1875.

Johnson, Warren A. *Public Parks on Private Land in England and Wales*. Johns Hopkins UP, 1971.

Kaplan, Wendy. *The Arts & Crafts Movement in Europe and America: Design for the Modern World*. Thames & Hudson, 2004.

Kellaway, Deborah. *Clematis and the Ranunculaceae: A Family of Flowers*. Pavilion, 1994.

——. *Favourite Flowers*. Pavilion, 1994.

——. *The Illustrated Virago Book of Women Gardeners*. 1997. Little, Brown, 2000.

——. *The Making of an English Country Garden*. Chatto & Windus, 1988.

——, ed. *The Virago Book of Women Gardeners*. Virago, 1996.

King, Any M. *Bloom: The Botanical Vernacular in the English Novel*. Oxford UP, 2003.

King, Peter. *Women Rule the Plot: The Story of the 100 Year Fight to Establish Women's Place in Farm and Garden*. Duckworth, 1999.

King, Ronald. *Royal Kew*. Constable, 1985.

Kinmouth, Patrick, and Tessa Traeger. *A Gardener's Labyrinth: Portraits of People, Plants and Places*. Booth-Clibborn Editions, 2003.

Laird, Mark. *A Natural History of English Gardening, 1650–1800*. Yale UP, 2015.

Lawrence, Sandra. *Miss Willmott's Ghosts: The Extraordinary Life and Gardens of a Forgotten Genius*. Blink Publishing, 2022.

Le Liévre, Audrey. *Miss Willmott of Warley Place: Her Life and Her Gardens*. Faber & Faber, 1980.

Lear, Linda L. *Beatrix Potter: A Life in Nature*. St. Martin's Press, 2007.

Lippert, W., and D. Podlech. *Wild Flowers of Britain & Europe*. Trans. by Martin Walters, HarperCollins, 1994.

Loudon, Jane. *Botany for Ladies, or A Popular Introduction to the Natural System of Plants, according to the Classification of De Candolle*. Cambridge UP, 2015.

——. *Facts from the World of Nature, Animate and Inanimate*. Grant & Griffith, 1848.

——. *Garden Flowers: From Plates by Jane Loudon*. B.T.Batsford, 1948.

——. *In Search of English Gardens: The Travels of John Claudius Loudon and His Wife Jane*. Century, 1990.

——. *Instructions in Gardening for Ladies*. 1840. Cambridge UP, 2014.

——. *The Ladies' Companion to the Flower Garden*. W. Smith, 1841.

——. *The Ladies'Flower-Garden of Ornamental Perennials*. 2 vols. W. Smith, 1843–1844.

——. *The Land and the Gardener*. Webb & Bower, 1989.

——. *The Mummy: A Tale of the Twentieth-Second Century*. 3 vols. H. Coburn, 1827.

——. *Ornamental Flowers*. Studio Editions, 1991.

——. *The Village Garden*. W. S. Orr, 1850.

——, ed. *Tales for Young People*, ed. Bowdery & Kerby, 1846.

Loudon, John Claudis, and Jane Loudon, eds. *Self-Instruction for Young Gardeners, Foresters, Bailiffs, Land-Stewards, and Farmers*. With a Memoir of the Author. 1845. Cambridge UP, 2013.

Macarthur, John. *The Picturesque: Architecture, Disuse and Other Irregularites*. Routledge, 2007.

MacCarthy, Fiona. *Anarchy & Beauty: William Morris and His Legacy 1860–1960*. National Portrait Gallery, 2014.

Maddy, Ursula. *Waterperry: A Brief Guide to the Gardens*. Waterperry Horticultural Centre, 1984.

——. *Waterperry: A Dream Fulfilled*. Merlin Books, 1990.

Masters, Brian. *Great Hostesses*. Constable, 1982.

McDowell, Marta. *Beatrix Botter's Gardening Life: The Plants and Places that Inspired the Classic Children's Tales*. Timber Press, 2013.

McLeod, Kirsty. *A Passion for Friendship: Sibyl Colefax and Her Circle*. Michael Joseph, 1991.

Mee, Margaret, and The Royal Botanic Gardens, Kew. *Flowers of the Amazon Forest: The Botanical Art of Margaret Mee*. Natural Wonders Press, 2006.

——, and The Royal Botanic Gardens, Kew. *Margaret Mee: Return to the Amazon*. The Stationary Office, 1996.

——, The Royal Botanic Gardens, Kew, and Antique Collectors' Club. *Margaret Mee's Amazon: Diaries of an Artist Explorer*. Antique Collectors' Club,

2004.

——, and Simon Mays. *Margaret Mee's Amazon: Paintings of Plants from Brazillian Amazonia*. The Royal Botanic Gardens, Kew, 1988.

——, and Tony Morrison. *Margaret Mee in Search of Flowers of the Amazon Forest: Diaries of an English Artist Reveal the Beauty of the Vanishing Rainforest*. Nonesuch Expeditions, 1989.

——, and Tryon Gallery. *Flowers of the Brazilian Forests*. Tryon Gallery in association with George Rainbird, 1968.

Ministry of Agriculture, Fisheries and Food. *Horticulture in Britain*. Her Majesty's Stationary Office, 1970.

Munroe, Jennifer. *Making Gardens of Their Own: Advice for Women, 1500–1750*. Routledge, 2008.

Nicolson, Adam. *Sissinghurst: An Unfinished History*. HarperPress, 2008.

Nicolson, Adam, and Jonathan Buckley. *Sissinghurst*. National Trust, 2008.

Nicolson, Nigel. *Sissinghurst Castle: An Illustrated History*. F.S.A., 1964.

Norman, Andrew. *Beatrix Potter: Her Inner World*. Pen & Sword History, 2014.

O'Brien, James. *Orchids: with Eight Coloured Plants*. J.C. & E.C.Jack, nd.

Oswald, Alice. *Dart*. Faber & Faber, 2002.

——. *Weeds and Wild Flowers*. Illustrated by Jessica Greeman, Faber & Faber, 2009.

——. *Woods etc*. Faber & Faber, 2008.

Paterson, Leonie. *How the Garden Grew: A Photographic History of Horticulture at RBGE*. Royal Botanic Garden Edinburgh, 2013.

Pavord, Anna. *The Tulip: The Story of a Flower That Has Made Men Mad*. Bloomsbury Publishing, 1999.

Perry, Frances. *Beautiful Leaved Plants*. Scolar Press, 1979.

——. *Gardening in Colour: An All-the-Year-Round Picture Encyclopedia*. Paul Hamlyn, 1963.

——. *The Observer Book of Gardening: The Year in the Garden*. Sidgwick & Jackson, 1982.

——. *The Water Garden*. Ward Lock, 1981.

——. *Water Gardening*. Aura Editions, 1985.

——. *The Woman Gardener*. Hulton Press, 1955.

Phillips, Roger. *Wild Flowers: of Britain and Ireland*. Macmillan, 2022.

Picht, Werner. *Toynbee Hall and the English Settlement Movement*. G. Bell & Sons, 1914.

Poole, Andrea Geddes. *Philanthropy and the Construction of Victorian Women's Citizenship: Lady Frederick Cavendish and Miss Emma Cons*. U of Toronto P, 2016.

Porter, Stephen. *London: A History of Paintings and Illustrations*. Amberley, 2014.

Powell, Bob. *The Women's Land Army*. Sutton, 1997.

Purvis, June. *Hard Lessons: The Lives and Education of Working-Class Women in Nineteenth Century England*. Cambridge UP, 1989.

——. *A History of Women's Education in Britain*. Open UP, 1991.

Rackham, Oliver. *Trees and Woodland in the British Landscape: The Classic, Beguiling History of Britain's Trees, Woods and Hedgerows*. 1976. Weidenfeld and Nicolson, 1990.

Raven, Sarah. *Sissinghurst: Vita Sackville-West and The Creation of a Garden*. Virago, 2014.

The Reader's Digest Association, ed. *Filed Guide to the Wild Flowers of Britain*. The Reader's Digest Association, 1981.

Richardson, Alan. *Priestess; The Life and Magic of Dion Fortune.*Aquarian Press, 1987.

Richardson, Rosamond. *Britain's Wildflowers*. National Trust, 2017.

Riley, Paul. *Island of Arts and Crafts: The Origins and Influence of the Arts and Crafts Movement*. UKCraftFairs, 2018.

Roach, Caroline. *Secondary Education in England 1870–1902: Public Activity and Private Enterprise*. Routledge, 1991.

Robinson, Barbara Paul. *Rosemary Verey: The Life & Lessons of a Legendary Gardener*. David R. Godine, 2012.

Robinson, Fanny. *The Country Flowers of a Victorian Lady*. Apollo Publishing, 1999.

Robinson, William. *The Wild Garden: Or, Our Groves and Shrubberies Made Beautiful*. 1870. Cambridge UP, 2011.

Roger, Fieldhouse. *A History of Modern British Adult Education*. National Institute of Adult Continuing Education, 1996.

Rogers, Annie. *Degrees by Degrees*. Oxford UP, 1938.

Rohde, Eleanour Sinclair. *Herb and Herb Gardening*. Medici Society, 1936.
——. *Oxford's College Gardens*. H. Jenkins, 1932.
——. *The Scented Garden*. 1931. Medici Society, 1948.
——. *The Story of the Garden*. Medici Society, 1932.
——. *Uncommon Vegetables: How to Grow & How to Cook*. Country Life, 1943.
——. *The War-Time Vegetable Garden*. Medici Society, 1940.
Romans, Mervyn. *Histories of Art and Design Education: Collected Essays*. Intellect Books, 2005.
Rose, Francis. *The Wild Flower Key*. 1981. Warne, 2006.
The Royal Horticultural Society. *Treasury of Garden Verse*. Frances Lincoln, 2003.
Sackville-West. Vita. *Garden Book*. Michael Joseph, 1968.
——. *Hidcote Manor Garden: Hidcote Bartrim*. National Trust, 1960.
——. *In Your Garden*. 1951. Frances Lincoln, 2004.
——. *In Your Garden Again*. 1953. Frances Lincoln, 2004.
——. *Joy of Gardening: A Selection for Americans*. 1958. Warbler Classics, 2023.
——. *Knole and the Sackvilles*. 1922. National Trust, 1991.
——. *The Land*. 1915. William Heinemann, 1926.
——. *The Land and the Gardener*. Webb & Bower, 1989.
——. *Let Us Praise Famous Gardens*. Penguin, 2009.
——. *More for Your Garden*. 1955. Frances Lincoln, 2004.
——. *Sissinghurst*. Hogarth Press, 1931.
——. *Some Flowers*. 1937. National Trust, 2014.
——. *The Women's Land Army*. Michael Joseph, 1944.
——, and Sarah Raven. *Vita Sackville-West's Sissinghurst: The Creation of a Garden*. Virago 2014.
Sagal Anna K. *Botanical Entanglements: Women, Natural Science, and the Arts in Eighteenth-Century England*. U of Virginia P, 2022.
Schneidau, Lisa. *Botanical Falk Tales of Britain and Ireland*. The History Press, 2019.
Scott, Michael. *Mountain Flowers*. Bloomsbury Wildlife, 2019.
Scott-James, Anne, and Osbert Lancaster. *The Pleasure Garden*. Penguin, 1979.
Shales, Ezra. *Made in Neward: Cultivating Industrial Arts and Civic Identity in the Progressive Era*. Rivergate Books, 2010.

Shedding, John D. *Garden-Craft Old and New*. The Bodley Head, 1903.

Shewell-Copper, W. E. *Land Girl: A Manual for Volunteers in the Women's Land Army 1941*. Amberley, 2011.

Shirreffs, Deirdre A. *Out and About: Discovering British Wild Flowers*. Brambleby Books, 2021.

Shout out for Women: A Trail across the Collections of Oxford University's Gardens, Libraries and Museums. Oxford UP, 2018.

South London Fawcett Group. *Fanny Wilkinson*. South London Fawsett Group, 2009.

Spender, Dale, ed. *Feminist Theorists: Three Centuries of Women's Intellectual Traditions*. Women's Press, 1983.

Spiller, Mary. *Growing Fruit*. Allen Lane, 1980.

——. "Beatrix Havergal." *Oxford Dictionary of National Biography*. Oxford UP, 2004. online.

——. Interview. Conducted by Giles Woodforde. *BBC Radio Oxford*. 26 Oct. 1988.

——. *Weeds: Search and Destroy*. Macdonald, 1985.

Spiller, Mary, Ursula Maddy, and Carolyn Saunders. *Waterperry: A Brief Guide to the Gardens*. Waterperry Gardens, 1992.

Stansky, Peter. *Redesigning the World: Architect, Designer, Individualist*. Pomegranate Communications, 2011.

Step, Edward. *Wayside and Woodland Blossoms: A Pocket Gide to British Wild Flowers for the Country Rambler*. Wentworth Press, 2016.

Stephens, W. B. *Education in Britain 1750–1914*. Macmillan, 1998.

Stiff, Ruth L.A., and The Royal Botanic Gardens, Kew. *The Flowering Amazon: Margaret Mee Paintings from the Royal Botanic Gardens, Kew*. The Royal Botanic Gardens, Kew, 2004.

Streeter, David. *Collins Wild Flower Guide*. HarperCollins, 2016.

——. *The Wild Flowers of the British Isles*. Midsummer Books, 1998.

Swift, Katherine. *The Morville Hours: The Story of a Garden*. Bloomsbury Publishing, 2008.

——. *The Morville Year*. Bloomsbury Publishing, 2011.

Tankard, Judith B. *Gardens of the Arts and Crafts Movement*. Timber Press, 2018.

——. *Gardens of the Arts and Crafts Movement: Reality and Imagination*. Harry N. Abrams, 2004.

——. *Gertrude Jekyll and the Country House Garden: From the Archives of Country Life*. Aurum, 2011.

——. *Gertrude Jekyll at Munstead Wood: Writing, Horticulture, Photography, Homebuilding*. Sutton, 1996.

——, and Martin A. Wood. *Gertrude Jekyll at Munstead Wood*. Pimpernel, 2015.

——, and Valkenburgh, Michael R. Van. *Gertrude Jekyll: A Vision of Garden and Wood*. John Murray, 1989.

Taylor, Judith Mundlak. *An Abundance of Flowers: More Great Flower Breeders of the Past*. Swallow Press, 2018.

——. *The Global Migrations of Ornamental Plants: How the World Got into Your Garden*. Missouri Botanical Garden Press, 2009.

——. *Visions of Loveliness: Great Flower Breeders of the Past*. Swallow Press, 2017.

——, and the Late Susan Groag Bell. *Women and Gardens: Obstacles and Opportunities for Women Gardeners throughout History*. Taylorhort Press, 2021.

Taylor, Kristina. *Women Garden Designers: 1900 to Present*. Garden Art Press, 2015.

Thomas, Zoë. *Women Art Workers and the Arts and Crafts Movement*. Manchester UP, 2022.

Tillyard, S. K. *The Impact of Modernism, 1900–1920: Early Modernism and the Arts and Crafts Movement in Edwardian England*. Routledge, 1988.

Todd, Cameron. *Wild Flowers at Home*. Gowans & Gray, 1913.

Todd, Ruth. *Waterperry House and Gardens: A History of the Designed Landscape with Particular Reference to the Eighteennth and Nineteenth Centuries*. M. A. Thesis. Birkbeck College, University of London, 2011.

Traeger, Tessa, and Patrick Kinmouth. *A Gardener's Labyrinth: Portraits of People, Plants and Places*. Booth-Clibborn Editions, 2003.

Triggs, Oscar Lovell. *Arts and Crafts Movement*. Parkstone Press, 2009.

Tyrer, Nicola. *They Fought in the Field: The Women's Land Army: The Story of a Forgotten Victory*. 1996. Sinclair-Stevenson, 2007.

Tytler, Sarah. *A Garden of Women*. Smith, Elder, 1875.

Twinch, Carol. *Women on the Land: Their Story during Two World Wars*. The Lutterworth Press, 1990.

Verey, Rosemary. *A Countrywoman's Notes*. 1989. Frances Lincoln, 2009.

——. *The English Country Garden*. BBC Books, 1996.

——. *Rosemary Verey's Making a Garden*. Frances Lincoln, 1995.

Walker, Martyn. *The Development of the Mechanics' Institute Movement in Britain and Beyond*. Routledge, 2018.

Waterperry Horticultural Centre. *Waterperry*. Waterperry Horticultural Centre, 1978.

Waterperry Horticultural School. *Waterperry Horticultural School for Women, Wheatley, Oxford*. Waterperry Horticultural School, 1960.

Waterperry House. *Waterperry House near Oxford: Horticultural School for Women*. Waterperry House, nd.

Waters, Michael. *The Garden in Victorian Literature*. Scolar Press, 1988.

Watts, Ruth. *Gender, Power, and the Unitarians in England, 1760–1860*. Longman, 1998.

Way, Twigs. *A History of Women in the Garden*. 2005. The History Press, 2023.

Wilkins, Louisa. *The Training and Employment of Educated Women in Horticulture and Agriculture*. The Women's Farm & Garden Association, 1927.

——. *The Work of Educated Women in Horticulture and Agriculture*. J. Trustcott & Son, 1915.

Willmott, Ellen. *Warley Garden in Spring and Summer*. 2vols. Wheldon & Wesley, 1910, 1914.

Wilson, Margaret Erskine. *Wild Flowers of Britain: Month by Month*. Merlin Unwin Books, 2016.

Wood, Martin. *John Fowler: Prince of Decoration*. Frances Lincoln, 2007.

——. *Nancy Lancaster: English Country House Style*. Frances Lincoln, 2005.

Woods, Robert Archey. *English Social Movement*. Charles Scribner's Sons, 1891.

Woolf, Virginia. *Orlando: A Biography*. Hogarth Press, 1928.

【著者】

臼井雅美（うすい・まさみ）

一九五九年神戸市生まれ　博士（文学）
現在、同志社大学文学部・文学研究科教授

神戸女学院大学卒業後、同大学院修士課程修了（文学修士）、一九八七年ミシガン州立大学修士課程修了（M.A.）、一九八九年博士課程修了（Ph.D.）。ミシガン州立大学客員研究員を経て、一九九〇年広島大学総合科学部に専任講師として赴任。同大学助教授、同志社大学文学部助教授を経て、二〇〇二年より現職。

著書：*A Passage to Self in Virginia Woolf's Works and Life*（二〇一七年）、*Asian/Pacific American Literature I: Fiction*（二〇一八年）、*Asian/Pacific American Literature II: Poetry*（二〇一八年）、*Asian/Pacific American Literature III: Drama*（二〇一八年）、『記憶と共生するボーダレス文学：9・11プレリュードから3・11プロローグへ』（二〇一八年）、『カズオ・イシグロに恋して』（二〇一九年）、『赤バラの街ランカスター便り』（二〇一九年）、『ビアトリクス・ポターの謎を解く』（二〇一九年）、『不思議の国のロンドン』（二〇二〇年）、『ボーダーを超えることばたち――21世紀イギリス詩人の群像』（二〇二〇年）、『記憶と対峙する世界文学』（二〇二一年）、『ふだん着のオックスフォード』（二〇二一年）、『イギリス湖水地方アンブルサイドの女神たち』（二〇二一年）、『イギリス湖水地方モアカム湾の光と影』（二〇二二年）、『ブラック・ブリティッシュ・カルチャー――英国に挑んだ黒人表現者たちの声』（二〇二二年）、『イギリス湖水地方におけるアーツ・アンド・クラフツ運動』（二〇二三年）、『イギリス湖水地方　ピーターラビットの野の花めぐり』（二〇二三年）、『イギリス湖水地方　ピーターラビットのガーデンフラワー日記』（二〇二四年）。

池坊副総華督、裏千家茶名宗雅

英《えい》国《こく》女《じょ》性《せい》ガーデナー物語《ものがたり》

The Stories of British Women Gardeners

二〇二四年一二月二五日　初版発行

著者　臼井雅美《うすい　まさみ》（Masami Usui）

発行者　三浦衛
発行所　春風社　*Shumpusha Publishing Co.,Ltd.*
横浜市西区紅葉ヶ丘五三　横浜市教育会館三階
〈電話〉〇四五・二六一・三一六八　〈FAX〉〇四五・二六一・三一六九
〈振替〉〇〇二〇〇・一・三七五二四
http://www.shumpu.com　⊠ info@shumpu.com

装丁・本文レイアウト　矢萩多聞
印刷・製本　シナノ書籍印刷株式会社

乱丁・落丁本は送料小社負担でお取り替えいたします。

ISBN 978-4-86110-981-2 C0022 ¥2700E